Dittker Slark

Unterwegs in Deutschland

Reisefeuilleton

Elisabeth Linnig Verlag
Kunst und Literatur
Darmstadt 2002

Alle Rechte vorbehalten   -   2002

© Copyright bei Elisabeth Linnig Verlag
   Kunst + Literatur

64245 Darmstadt, Postfach 23 01 61

Herstellung: Books on Demand GmbH
22848 Norderstedt, Gutenbergring 53

ISBN 3-925591-23-0 - Fotos: D.Slark
Einbandgestaltung: Bettina Schlorke

Bild auf der Titelseite: Freie Fahrt
mitten in Deutschland bei Ludwigsstadt-
Probstzella

Der Morgen, das ist meine Freude!
Da steig' ich in stiller Stund'
Auf den höchsten Berg in die Weite,
Grüß' dich, Deutschland, aus Herzensgrund!

                    Joseph von Eichendorff

Meiner lieben Frau Elisabeth gewidmet
für ihre freudige, großherzige
Unterstützung meiner Arbeit
und im treuen Gedenken an gemeinsame Reisen
"Unterwegs in Deutschland"

Unterwegs in Deutschland

In Sachsen erlebte ich meine Kindheit, meine Jugend im Rheinland. Schließlich fand ich im Rhein-Main-Gebiet eine neue Heimat. Doch, auch wenn ich mich in der damaligen BR Deutschland wohlfühlte, habe ich die alte Heimat nie vergessen. Und niemals gab ich die Hoffnung auf eine Wiedervereinigung der beiden deutschen Teilstaaten auf. Vermutlich teilte ich diese Hoffnung vor allem mit meinen mitteldeutschen Landsleuten, die ihre Heimat aus politischen Gründen verlassen hatten.
Da ich die Teilung nicht akzeptieren konnte, begann ich in den 80er Jahren mich an der deutsch-deutschen Grenze umzusehen. So wurde ich zum "Grenzgänger wider Willen - willentlich", bald in Begleitung meiner Frau. Als wir die grausamen, menschenverachtenden Grenzbefestigungen der DDR-Machthaber gesehen hatten (u.a. Minenfelder, Elektrozäune), schrieb ich Reiseberichte über unsere Erlebnisse und Erkenntnisse. Ich wollte die Menschen im freien Teil Deutschlands wachrütteln, damit sie erkennen, hinter welch einer Sperranlage die Menschen "drüben" leben müssen. Und ich fand bei meinen Vorlesungen aufmerksame Zuhörer.
Als es dann 1989 mitteldeutschen Menschen gelang, durch ihre mutige friedliche Revolution sich vom Joch der DDR-Diktatoren zu befreien und ein Jahr später die Wiedervereinigung der deutschen Teilstaaten Wirklichkeit wurde, gehörte ich zu den glücklichsten Menschen in Deutschland.
Nun waren meine Frau und ich freudig "Unterwegs

in Deutschland", reisten vor allem in jene Landschaften, die nach 40jähriger Trennung wieder eine regionale Einheit bilden konnten. Es "wuchs zusammen, was zusammen gehört", wie Altbundeskanzler Willy Brandt es damals formulierte.

Wir weilten im Harz und in der Rhön, im Eichsfeld und immer wieder in jenen Landschaften West- und Süd-Thüringens, die so lange Zeit vom östlichen Hessen und nördlichen Franken brutal abgetrennt waren, als sei hier die Welt zu Ende. Oft begleiteten uns auf diesen Fahrten und Wanderungen Verwandte aus dem Oderbruch. Sie waren glücklich und dankbar, endlich auch den anderen Teil Deutschlands kennenlernen zu können.

Es lag nahe, in diesem Buch auch der Stätten meiner Kindheit - Chemnitz und Erzgebirge - zu gedenken und letztendlich auch die beiden sächsischen Landeshauptstädte Dresden und Magdeburg zu würdigen.

Ich wünsche mir, daß möglichst viele, die wie ich Deutschland und seine Menschen lieben, die deutsche Kultur und Sprache, Literatur und Kunst schätzen, meine Reisefeuilletons mit Freude lesen und "Unterwegs in Deutschland" freundlich aufnehmen.

Dittker Slark

Darmstadt, am 15.Februar 2002

Der Weg in die Freiheit

Auf Spuren der Erinnerung im wiedervereinten Harzgebirge

Mehr als vierzig Jahre waren vergangen, als ich erstmals wieder jene Landschaft mitten im Harz zwischen Beneckenstein und Hohegeiß betreten konnte, in der ich als Knabe mit meiner Mutter aus Mitteldeutschland flüchtete. Wir hatten die Stadt meiner Kindheit verlassen, um im Rheinland, wo mein Vater uns erwartete, in einer neuen Heimat in Freiheit leben zu dürfen. Die damals kaum wahrnehmbare deutsch-deutsche Zonengrenze wurde im Verlauf der Jahrzehnte immer grausamer und schier unüberwindbar, so daß es mir nicht möglich war, Beneckenstein noch einmal wiederzusehen, geschweige denn, durch jene Felder und Wälder zu gehen, die hinüber nach Hohegeiß geleiten. Nach der politischen glücklichen Wende und der langersehnten Wiedervereinigung von West- und Mitteldeutschland konnte ich mir endlich den Wunsch erfüllen, die Spuren der Vergangenheit aufzusuchen, in der meine künftige Lebensbahn in eine völlig neue Richtung geführt wurde. Und so konfrontierte ein Tag zur Osterzeit 1991 meine Frau und mich noch einmal hart mit der ehemaligen deutsch-deutschen Grenze.
Von St. Andreasberg kommend, überqueren wir südöstlich Braunlages die einstigen, hier

doppelten Grenzbefestigungen im Tale der Warmen Bode. Streckenweise fanden wir noch alte Grenzzäune und gepflügte Feldstreifen. Die Harz-Quer-Bahn biegt hier nach Norden ab und begleitet unmittelbar die Befestigungsanlagen. Gegen Mittag erreichten wir Beneckenstein. Viele Gebäude sind dringlich renovierungsbedürftig. Braunkohlenrauch biß streng in die Nase. Erst wenn dies sich ändern läßt, ist Beneckenstein wieder als Luftkurort für Erholungsuchende anziehend. Beim Anblick des Bahnhofes erinnerte ich mich:

Meine Mutter, die mit mir an einem Oktobertag 1948 Sachsen verlassen hatte, wurde von einem Kontrolleur im D-Zug, als sie unsere Fahrkarten, die nach Wernigerode ausgestellt waren, zeigte, mißtrauisch gefragt: "Nach Wernigerode wollen Sie?" Und barscher sagte der Beamte: "Da hätten Sie längst umsteigen müssen!" Ich schwieg ängstlich und dachte, der Mann ahne unser tatsächliches Reiseziel. Aber Mutter entgegnete ruhig: "Wir fahren ab Nordhausen mit der Harzquerbahn." "Ich werde mich erkundigen", war die Antwort. Zurückgekehrt, sprach der Schaffner freundlicher mit uns, ja, er entschuldigte sich sogar und gab uns die Billets wieder. "Sie können mit der Querbahn fahren; ich war nicht genau orientiert!"

Es dunkelte bereits, als das Bähnle läutend durch den geisterhaft schwarzen Harzwald bergan schnaufte. Einzelne Lichter blinkten aus Einödhöfen und Grenzdörfern. Bei einer Brücke war die Bahnstrecke unterbrochen. In den letzten Kriegswochen war sie gesprengt worden, um den nahenden Feind aufzuhalten. Einige Strebe-

pfeiler ragten in die Luft: Steinbrocken lagen drunten in der Mulde.
"Alles aussteigen! Zug endet hier! Anschluß haben Sie drüben jenseits der Brücke!" brüllte eine blecherne Lautsprecherstimme durch die Waldesstille. Im anderen Zug brannte kein Licht. Die Reisenden dösten im Dunklen vor sich hin. Nachtschwarze Tannen schwirrten draußen vorüber. Dann plötzliche Helle: Haltepunkt Beneckenstein.
Auch heute noch fährt die Harz-Quer-Bahn durchs Behre- und Rappbodetal. Ein Idyll für Freunde historischer Eisenbahnen. Die Lokomotive faucht und stampft, stößt Wasserdampf aus. Die Wagen sind noch seitlich geöffnet und durch eine sogenannte "Bühne" miteinander verbunden. Sie darf während der Fahrt nur vom Schaffner betreten werden. Das Bähnle rattert und holpert, so daß manche Fahrgäste fürchten: es könne aus den Schienen springen.
In einem Gasthof in der Ortsmitte Beneckensteins wählte Mutter für uns ein abgelegenes Eck in der Schankstube, gleich hinter der Tür. So hatte sie es mit einem Einheimischen vereinbart, der uns und andere Flüchtlinge nachts über die Grenze führen sollte. Bald erschien ein kräftiger junger Mann, grüßte den Wirt, trank ein Bier an der Theke und gab Mutter beim Verlassen des Raumes unauffällig ein Zeichen. Wenig später folgte sie ihm, um den Treffpunkt für den Grenzgang zu erfahren.
Von den wenigen Restaurants im Inneren des Ortes schien mir das "Gasthaus zur Stumpe" jenes gewesen zu sein, in dem wir - Mutter

und ich - uns in jener Spätabendstunde aufhielten. So kehrten auch meine Frau und ich Anno 1991 hier ein und speisten in der schlichten Gaststube gutbürgerlich und preiswert. Sie glich auch durchaus jener, die ich noch immer in meiner Erinnerung bewahrte. Nach Tisch fuhren wir vom Zentrum Beneckensteins auf allen nach Westen führenden Straßen, auf denen wir damals die Nachtwanderung zur Grenze begonnen haben konnten. Am wahrscheinlichsten ist es, daß wir zunächst auf der Landstraße Beneckenstein-Hohegeiß zum Ort hinausgingen, dann aber - und dies war mir noch im Gedächtnis - in die Felder abbogen und dem Wald zustrebten. Da ich außerdem noch weiß, daß der Boden teilweise moorig war, gingen wir vermutlich südwestlich durch die Flur "Am Bruchwege". Beim Blick über die Felder zum Walde erkannte ich auch die Landschaft wieder, da hier keine neuen Gebäude entstanden sind. Irgend eine jener Hecken in dieser Gegend muß es auch gewesen sein, hinter die wir uns duckten und auf die Grenzführer warteten.
Zwei Stunden nach Mitternacht schlichen wir in jener Oktobernacht zu fünft vom Gasthof durch die nachtstillen Gassen Beneckensteins. Nur hier und da brannte bei einem Bauern noch Licht. Wir vermieden weitmöglichst jeden Laut und gelangten unbemerkt aus dem Ort. Nahe dem Wald begrenzte eine dichte Hecke die Weidekoppel. Wir drückten uns tief ins dunkle Versteck. Es hockten bereits andere Flüchtlinge dort, so daß beide Gruppen anfangs voreinander erschraken und glaubten, in eine Falle gegangen zu sein. Doch lag die Gegend rasch wieder

9: Ehemalige deutsch-deutsche Grenze zwischen Hohegeiß und Beneckenstein im Harz (1991)

10: Diese unmenschliche Grenze teilte Deutschland jahrzehntelang - hier im Harz bei Beneckenstein (1991)

11: Harz-Quertal-Bahn bei Drei-Annen-Hohne (1991)

12: Bahnhof Beneckenstein im Harz (1991)

13: Beneckenstein; Gasthaus zur Stumpe
    (1991)

in friedlicher Stille. Die Fremdlinge fühlten sich nicht nur gestärkter, sondern sie spürten auch eine Schicksalsgemeinschaft,die sie verband und tröstlich war.
In der dritten Morgenstunde kam der junge Grenzführer mit zwei Kameraden, und der abenteuerliche Gang begann. Nebel schwebten über den Wiesen; der Himmel graute. Die Luft war feucht vom zarten Sprühregen. Querfeldein marschierten wir über karge Weiden und sumpfige Moorwiesen. Einer dunklen Schlange gleich krochen die Menschen durch die Einsamkeit der Nacht. Keiner wagte ein Wort. Einer folgte dem anderen auf Schritt und Tritt. Die Tannen hoben sich gespenstisch aus der Nebellandschaft ab und streckten ihre Nadelarme ins bleierne Nichts. Nach zwei Stunden erreichten wir einen stockdunklen Wald, und einer der Führer sagte: "Bleiben Sie einen Augenblick ruhig stehen. Da vorn ist jetzt die Grenze. Vermeiden Sie jedes Geräusch, damit uns keiner hier erwischen kann!" Da eine ältere Frau leise zu weinen begann, tröstete er: "Nur keine Angst. Wenn Sie sich nicht rühren, kann nichts passieren. Wir erkunden, ob die Straße frei ist. Die Posten der Russen werden gleich abgelöst. Da ist stets genügend Zeit, die Grenze zu überqueren."
Die Männer verschwanden in der schier undurchdringlichen Finsternis. Kein trockener Zweig knackte unter ihren geübten Tritten. Kein Vogellaut drang an unser Ohr. Kein Windhauch strich durch die bemoosten Zweige uralter Tannen. Hier hielt die Welt den Atem an. Sie schien mitten im Harz zu enden. Es war eine

beängstigende Stille. Sie bedrückte das Häuflein wartender Menschen, das wie verloren in der Einsamkeit stand.
Nach einer geraumen Zeit standen die Führer wieder vor uns, gaben Handzeichen.Einer schritt an die Spitze. Der Trupp folgte geduldig. Die Straße schnürte wenige Spannen weiter quer durch das Gebirge. Vorsichtig, wie Indianer auf dem Kriegspfad, schlichen wir ein Stück auf dem Asphalt entlang. Wieder schlug der Anführer einen Haken, winkte und deutete auf den nächsten Waldstreifen. Eilig, wie gehetztes Wild, sprangen wir in den feuchten Graben, spürten weichen Nadelboden unter den Sohlen und rannten, so schnell wir konnten, zwischen graubemoosten Stämmen immer tiefer ins Gehölz. Die Dörfler erklärten nochmals genau den Weg und rieten uns ernsthaft, weiterhin still zu bleiben. Dann kassierten sie ihre Belohnung: 50 Mark war nicht zu viel, wenn wir bedenken, daß die Männer ihre Freiheit und ihr Leben für andere aufs Spiel setzten. Viele Einheimische der Grenzgemeinden waren damals bereit, Fremden den Weg in den Westen zu weisen. Viele mußten diese Tat mit Gefängnis bezahlen. Freilich gab es unter ihnen auch erbärmliche Verräter, die ihre Opfer direkt in die Linien der Grenzposten führten.
Listig, wie Füchse auf Schleichpfoten, pirschten die jungen Männer zurück. Wenig später hatte sie die Harznacht verschluckt. Erneut rafften wir uns auf, tasteten uns einen steinigen Steig entlang. Ein Wildbach toste neben uns in der Tiefe. Die Wettertannen ragten grau und wild ins fahle Licht der Nachtwolken.

Der Morgen brachte Nebel und Sprühregen. Die Welt wurde zum dichten Vorhang. Unaufhörlich quoll weißer Rauch aus einer Hexenküche, eroberte von den Tälern her die Wälder. Der Harz ist eine urtümliche, wildkernige Landschaft. Nachdem wir eine Weile bergab gelaufen waren, meinte meine Mutter: dies sei nicht der richtige Weg. Ich bestätigte, daß der Anführer betont habe, wir sollten nicht talwärts gehen, denn der Bach fließe in den russischen Sektor. Ein älterer Herr riet, ein Stück zurückzugehen, dann würden wir den rechten Weg schon finden, und begann wieder bergauf zu stapfen. Wir begleiteten ihn und entdeckten plötzlich eine große Wiese. Einige der Flüchtlinge waren bereits erschöpft und müde. Sie waren stundenlanges Wandern nicht gewohnt. Verzweifelt ließen sie sich am Wegrain nieder. Doch Mutter, Herr K. und ich wollten nicht aufgeben. Wir pilgerten rastlos am Waldsaum hin und her. Mutter sagte: "Hier muß doch irgendwo der Weg nach Hohegeiß führen." Herr K. zückte seine Taschenuhr: "Drei Stunden sind wir schon gelaufen. Dabei sollten es höchstens eineinhalb sein." Da rief Mutter plötzlich: "Da ist ja der Weg!" Sie lief einige Meter durch die Wiesen und deutete auf den Boden. Wahrhaftig! Ein Pfad schlängelte sich zwischen Blumen und Kräutern hin. Da sich der Nebel im Morgengrauen etwas verflüchtigt hatte, war er nun gut zu erkennen. Ein Lichtschein in der Nähe ließ uns neue Hoffnung schöpfen. Verschwommen lösten sich die Konturen eines Hauses aus dem milchigen Weiß. Ich entdeckte das Ortsschild und las: "Hohegeiß - Zonengrenzbezirk".

Vor Glück schrie ich "Hurra!" und umarmte meine Mutter. Wir hatten es geschafft.
Rasch weckten wir die Schläfer und verkündeten ihnen die frohe Nachricht. Gemeinsam schritten wir auf das Dorf zu. Im Gasthaus brannte Licht. Breit fiel der Schein durch die niedrigen Fenster auf die Straße. Mehrere Leute hockten schwatzend um die Tische. Der Wirt hatte alle Hände voll zu tun. Zwei Polizisten unterhielten sich leise am Kachelofen, lächelten aber jedem Neuankömmling aufmunternd zu. Einige Frauen und Kinder lagerten auf Bänken oder auf der Diele und schliefen. Daneben verstreut ihr bißchen Gepäck. Ein trauriges Bild. Und doch spürte ich bei allem Elend, bei aller Not der Flüchtlinge eine stumme Zufriedenheit, ein Aufatmen, Freude, wieder Mensch sein zu dürfen. Mutter und ich setzten uns in einen freien Winkel des Gastzimmers ans Fenster, versuchten die Augen zu schließen, um wieder zu uns selbst finden zu können. Die vergangenen Stunden waren zu erlebnisreich gewesen.
Der Wirt schaltete das Licht aus. Frische Morgenluft strömte durchs halbgeöffnete Fenster. Schon stieg die Sonne über dem Grenzwald empor. Sie durchbrach letzte Nebelfetzen und bemalte den Himmel mit bunten Farben.
In Hohegeiß hat sich seit 1948 soviel verändert, daß ich das Gasthaus, welches wir an jenem Morgen nach stundenlanger Irrwanderung erreichten, nicht wiederfinden konnte. Vielleicht existiert es gar nicht mehr. Überrascht war ich, daß Hohegeiß so dicht beim Grenzzaun der ehemaligen DDR liegt. Es ist deshalb anzunehmen, daß wir damals auf der Suche nach

dem Höhenkurort doch wieder in die damalige sowjetische Besatzungszone geraten waren, bevor wir den richtigen Weg fanden. Neben der bezaubernden Holzkirche auf dem Hochplateau erfreute uns der großartige Blick auf die beiden Gipfel: Wurmberg und Brocken, zwischen denen bis vor kurzem die Trennlinie mitten durch den Harz verlief.

Auf der alten ehemaligen Landstraße fuhren wir noch einmal Richtung Beneckenstein. Hier war die frühere doppelte Sperranlage noch sehr gut zu sehen. Neben Zäunen und gepflügten Ackerstreifen fanden wir sogar noch Laufgräben. Es ist gegenwärtig noch unheimlich dort, zumal wenn wir überlegen: was sich auf diesem Gelände noch Unheilvolles verbergen mag. Obgleich wir inzwischen viele solcher Grenz-Übergänge gesehen haben, sind wir doch immer wieder aufs Neue entsetzt und empört über die Dreistigkeit, mit der die selbsternannten Führer der Arbeiter und Bauern die Bürger durch ihre grausamen Sperranlagen eingekerkert hatten und sie daran hinderten, in die freie Welt zu gelangen.

Schließlich fuhren wir auf der Harz-Hoch-Straße von Hohegeiß nach Braunlage. Auf dieser Straße gingen an jenem herbstkalten Morgen Mutter und ich talwärts, bis uns freundliche Bauern ermunterten, auf ihren Pferdewagen aufzusteigen und bis in die Stadt mitzufahren.

Eine Wanderung zum Brocken

König der norddeutschen Berge - Erlebnisse im Harz

Schon von Kindheit an hegte ich den Wunsch: einmal auf den sagenumwobenen Brocken, dem König aller norddeutschen Berge, zu steigen. Wiederholt wanderte ich im Harz, jenem wildromantischen Waldgebirge, meist auf einsamen Pfaden - und es wurde mir gar zur Schicksalslandschaft, als ich in einer nebligen Spätherbstnacht mit meiner Mutter, nach Verlassen der mitteldeutschen Heimat, zwischen Beneckenstein und Hohegeiß die damals von sowjetischen Soldaten bewachte Zonengrenze überschritt, um in den freien Teil Deutschlands zu gelangen.

In den fünfziger Jahren, während eines Gangs über die "Ackerstraße", von Herzberg nach Altenau, da der Winter sich mit Schneestürmen verabschiedete, sah ich den Brocken zum ersten Male. Und ich notierte in mein Reisebuch: "Ich hocke auf einem Baumstumpen im Waldgras, schaue über den Kahlschlag, ins mitteldeutsche Land. Runde Hügel wellen dahin; eine schier endlose Kette. Dahinter kantige Kuppen und langgestreckte Buckel, wie schlafende Tiere. Ein Ort in der Ferne, eine Waldwiese, ein einsamer Weg, und riesige dunkle Wälder, von weißgrauen Wolkenschiffen übersegelt, deren Schatten über sonnige Fluren huschen. Schatten verfinstern auch meine Stirn. Träume-

risch sehe ich meine schöne Heimat, möchte hineinwandern in jenen anderen Teil unseres Vaterlandes. Aber nur wenige Fußstunden entfernt trennt der "Eiserne Vorhang" willkürlich deutsche Menschen voneinander. Dort, der schneebedeckte Riese, der Brocken, höchster Berg im Harz, er steht jetzt jenseits der Grenze. Dahinter liegt Thüringen, "das grüne Herz Deutschlands". Ist ein Wesen noch lebensfähig, wenn sein Körper geteilt wird? Müssen nicht alle Teile dahinsiechen? Können solche furchtbaren Wunden jemals vernarben? Nein, niemals! Kein Volk wird ruhen, bis das durch Gewalt getrennte Land wieder Einheit geworden ist, bis alle Menschen wieder in ihrer Heimat leben dürfen!"
Nun, da nach jahrzehntelangem Warten und Hoffen Mittel- und das westliche Nordostdeutschland mit der Bundesrepublik Deutschland wieder vereint wurde, war es mir endlich vergönnt, den höchsten Gipfel Norddeutschlands, ja, den einzigen Berg zwischen Meer und Erzgebirge, welcher die 1000-Meter-Marke überragt, kennenzulernen. Gemeinsam mit meiner Frau und Verwandten aus dem Oderbruch, denen als ehemalige DDR-Bürger gleichfalls wie uns die Besteigung des Brockens verwehrt war, da dieser Teil des Harzes zum militärischen Sperrgebiet gehörte, starteten wir am Ostersamstag 1991 zu dem für uns erbaulichen und historischen Ausflug.
Durch Braunlage, dem heilklimatischen Kurstädtchen an der Warmen Bode und am Südhang des Wurmberges, welcher bis zur Wiedervereinigung mit 971 Metern höchster Punkt des Westharzes

und somit bedeutsames Fenster zum Ausblick nach Sachsen-Anhalt war, konnten wir nur im Schritt-Tempo fahren, da zahllose einkaufsfreudige Menschen die Straßen mit den schmucken Geschäften bevölkerten. Die nordöstlich durch den Staatsforst Braunlage strebende B27 erreicht bereits nach eineinhalb Kilometern die ehemalige deutsch-deutsche Grenze. Noch immer erinnern zaunlose Betonpfeiler und ein Wachtturm an die brutale Teilung unseres Landes. Wenig später erreichten wir das Dorf Elend, einst als "Höhenluftkurort und Wintersportplatz an der (Kalten) Bode" mit "herrlichen Tannen-Hochwaldungen und Wiesen" gepriesen. Deutlich erkannten wir das Bemühen der Einwohner, die sich wohl wie aus einem Alptraum erwacht zu sein fühlen, ihre Häuser wieder für künftigen Fremdenverkehr einzurichten. Ähnliches gilt auch für das südlicher gelegene Sorge. Es ist schon eigenartig, daß die beiden Dörfer: Elend und Sorge so dicht an der jahrelangen innerdeutschen Grenze lagen, zumal die Menschen hier im sogenannten "Sperrgürtel" wohnten, daher: sie durften nicht einmal Besuch von Verwandten aus der DDR empfangen, waren also auf engem Raum wie in einem schmalen Käfig eingesperrt! "Nomen est omen" (der Name birgt eine Vorbedeutung). Stammt jedoch der Name "Sorge" von "Zarge" (mittelhochdeutsch) - das ist eine Einfassung, ein Vorwerk, daher ein von einem Gut abgetrennter Teil, bedeutet "Elend" tatsächlich "ellende" (mhd.) Fremde oder Verbannung, ein anderes Land, aber auch außerhalb einer Gemarkung liegendes Grenzland! - Möge den Bewohnern dieser schönen Waldgebirgslandschaft bald eine neue Blütezeit als Feriendomizil an der romantischen Harzquerbahnstrecke beschieden sein.

Durchs Tal der Kalten Bode - auch Elendstal genannt - führt eine Straße nördlich nach Schierke, das um 1900 als eine der teuersten und vornehmsten Sommerfrischen galt und dem Gast selbst im späten Herbst noch warme Sonnentage bescherte, und nun - nach Öffnung der Grenze - zu einer beliebten Ausgangsstation für Wanderungen zum Brocken geworden ist.

Wir wählten seitlich einen steinigen Waldweg. Öftere Pausen waren vonnöten, sei's zum Verschnaufen oder um die prächtige Aussicht auf die benachbarten Harzberge und Wälder zu genießen. Später folgten wir dem Fahrweg durch das Brockenschutzgebiet, vorbei am Brockenbett und der Ilsequelle, am Saum der Heinrichshöhe. Zum Glück dürfen hier nur Autos mit besonderer Genehmigung fahren. Dennoch fühlen sich die vielen Wanderer, die in kleinen und größeren Gruppen den langwierigen Weg bergan pilgern, von den Staub aufwirbelnden Vehikeln belästigt.

Je näher wir dem Gipfel kamen, desto winterlicher wirkte die Natur. Bald sahen wir auch erste Schneereste. Hin und wieder laden Schutzhütten zur Rast in den großen Fichtenwäldern ein. Am Wegrand und an den Hängen lagern Steine und mächtige Granitfelsen. In Gipfelnähe fanden wir verharrschte Schneefelder und bereifte, häufig auch durch Schneebruch und Sturm geschädigte Bäume. Kein Wunder, denn auf dem Brocken regiert im Durchschnitt jährlich rund 8 Monate der Winter. Auch ist es keine Seltenheit, daß hier Nebel wochenlang die Sonne verbannt.

23: Die einstige grausame Grenze der DDR – im Harz nahe dem Brocken (1991)

24: Auf dem Weg zum Gipfel des Brockens (1991)

25: Die ehemalige innerdeutsche Grenze teilte auch den Oberharz - am Brocken (1991)

26: Majestätisch überragt der Brocken (1141m) die Landschaft zwischen Ostsee und Erzgebirge (1991)

27: Auf dem Gipfel des Brockens - noch sind die Sperranlagen der Sowjetarmee zu sehen (1991)

Nach zweieinhalb Stunden haben wir das Hochplateau erreicht. Türme und Sendeanlagen sind vereist. Vermutlich zeigt das Thermometer nur wenige Striche über dem Gefrierpunkt an.

Und wenn wir uns heute vorstellen, daß vor mehr als 200 Jahren Goethe mitten im Winter auf den Brocken, durch den damals noch wilderen Harz, hinaufgestiegen ist, können wir ihm nach unserer fast frühlingshaften Wanderung zum Gipfel, nur Anerkennung und Bewunderung zollen.
Der damals 28jährige junge Dichter und Gelehrte ritt am 9. Dezember 1777 abends von Clausthal nach Altenau. Er übernachtete im Rathaus am Markt (es ist heute noch Hotel), ging vor Sonnenaufgang durch tiefen Schnee, so daß er in der Morgenfrühe bei der Försterei Torfhaus anlangte, und in Begleitung des Waidmannes, welcher ihm zunächst sein Vorhaben hatte ausreden wollen, gegen Mittag den Brocken bezwingen konnte.
In einem Brief an Charlotte von Stein schrieb Goethe begeistert: "Alle Nebel lagen unten, und oben war herrliche Klarheit, und heute nacht bis früh war er (der Brocken) im Mondschein sichtbar und finster auch in der Morgendämmerung, da ich aufbrach... - Ein Viertel nach eins droben. Heitrer, herrlicher Augenblick, die ganze Welt in Wolken und Nebel und oben alles heiter. Was ist der Mensch, daß du sein gedenkst..."
In Holzhütten werden Getränke und kleine Speisen angeboten. Doch die Leute warteten in langer Schlange, so daß wir auf einen Kauf

verzichteten. Auf mehreren Schildern bitten Naturfreunde die Brockenbesucher, die Wege nicht zu verlassen, um die Vegetation zu schonen. Einige größere Flächen wurden mit Zäunen abgesperrt. Dienen sie jetzt dem Naturschutz, waren sie früher Grenze strengen Sperrbereichs.

Auf dem Brockengipfel steht noch eine gewaltige Betonmauer, welche nur durch einige Aus- und Eingänge geöffnet war. Außerdem entdeckten wir noch einen Platz, auf dem sich unsere uniformierten Gäste aus der Sowjetunion aufhielten. Offensichtlich war dieses Gebiet, einschließlich Türmen und Sendeanlagen, gutbewachtes militärisches Gelände.
Leider war es an jenem zeitigen Frühlingstag diesig, so daß uns der erhabene Genuß der Weitsicht verwehrt blieb. Bei Sonnenschein soll die normale Sicht rundum mindestens 30 Kilometer betragen. Bei besonders günstigem Wetter wird von Kennern ein so grandioser Fernblick beschrieben, daß er für den Betrachter zum unvergeßlichen Erlebnis wird. Hans Hoffmann erzählt in einem Bericht von seiner Harzreise im Jahre 1899 davon:
"...der Turm lockt und die Aussicht; der Himmel ist klar, die Luft ist rein, doch wer weiß, wie lange das dauert? - Kein Zweifel, wir übersehen heut' die berühmten 250 Kilometer zwischen den entferntesten Punkten, wir grüßen die Türme von Braunschweig und Hannover, von Magdeburg und von Leipzig, ja, den Brandenburger Hagelberg; Rhön, Thüringerwald selbstverständlich, kurz, wir haben Glück, ganz seltenes Glück..."
Nahe der Endhochstation der Brockenbahn türmt

sich der Granitkoloß des Hexenaltars auf. Die 1899 erbaute Brockenbahn brachte früher in etwa zwei Stunden die Fahrgäste aus Wernigerode (bei einer Steigung von 900 Metern!) auf den Gipfel hinauf. Da sie den Betrieb noch nicht wieder aufgenommen hatte (seit Herbst 1991 verkehrt sie wieder), folgten wir den Gleisen, die durch Betonplatten zu einem Weg ausgebaut wurden, bergab. Auf torfigem Grund wachsen Krüppelkoniferen, Heidekraut und verschiedene Moose. Ein Zaun begleitet die Schienen. Da den Westhang des Brockens kaum Hochwald bedeckt, erkannten wir bald auf einer Lichtung deutlich die ehemalige Schandgrenze: Zaunreihen, Wachttürme, auch die gepflügten Streifen, in denen selbst heute noch Minen heimtückisch auf den Tritt eines Spaziergängers - wie früher auf jenen eines Flüchtlings - lauern. Und wir sahen die für ein übersichtliches Freigehege abgeholzten Wäldchen, die den Blick auf jedes sich dort bewegende Lebewesen ermöglichten.
An der Wegscheide bei den "Hirschhörnern" genannten Klippen, folgen wir weiterhin dem Schienenstrang. Er ist hier nicht mehr betoniert und zum Teil nur mühsam begehbar, da die Schwellen ungleichmäßig voneinander entfernt sind. Einziger Vorteil: Wir sind für eine Weile dem Menschenstrom entronnen. Am Hang des Königsberges entlang kamen wir an der Kessel-, Raben- und Kanzelklippe vorüber und gelangten bald an eine Schneise, die uns zum Abschied noch einmal einen beglückenden Blick auf den Brockenfürsten mit seinen breiten Schultern, dem Königsberg (1029m) und der

Heinrichshöhe (1044 m) schenkte. Schließlich geleitete uns ein Pfad, steinig, steil und holperig, neben dem Schwarzen Schluftwasser, gen Süden zur Straße nach Schierke.

Bad Heiligenstadt und das Obere Eichsfeld

Religiöse Bastion im vormalig sozialistischen Land

"Das Eichsfeld": eine liebliche ausgeglichene Landschaft; sanfte Hügel, bewaldet oder mit Wiesen und Äckern bedeckt. Eine wasserreiche Gegend. Viele Quellen sprudeln, Bäche streben der Leine, der Unstrut, der Werra oder der Wipper zu. Immer wieder buckeln sich Berge aus niederen Fluren mächtig auf, grüßen weithin sichtbar Bauernhöfe, Dörfer und Städtchen.
"Das Eichsfeld": am Saum zwischen Niedersachsen und Thüringen gelegen, und im Südwesten vorwitzig in ein hessisches Zipfelchen bei Oberrieden an der Werra überlappend; zwischen Harz und Hainich, zwischen Dün und Kaufunger Wald, im Parallelogramm, gebildet aus den Torwächtern Göttingen und Duderstadt, Eschwege und Mühlhausen.
"Das Eichsfeld"; Jahrzehnte wie Harz oder Rhön und etliche andere Landschaften mitten in Deutschland durch eine willkürliche, menschenverachtende Grenze geteilt, gewann erst 1990 seine natürliche Einheit wieder. Malerische Kleinstädte mit kunstvollen Fachwerkbauten

wie Duderstadt oder Worbis, schmucke Dörfer mit alten Kirchen und ehemaligen Klöstern und auch heute noch berühmten Wallfahrtsorten wie Hülfenberg, Klüschen Hagis oder Maria im Busch bezeugen die bäuerliche Frömmigkeit in der katholischen Insel mitten in einer stark protestantischen Region am Übergang von Mittel- nach Norddeutschland, behütet, bewacht, bedroht von den Adligen der zahlreichen Burgen und Schlösser und den Soldaten vieler Völker. Das Herz des Eichsfeldes aber ist Heiligenstadt, das liebenswerte Heilbad im jungen Leinetal, vor den Waldhängen des Iberges. Von den ältesten Wahrzeichen der rund 800 Jahre zum Bischofssitz Mainz gehörenden Stadt, überragen die Spitzhelmtürme der im Dreieck des Kerns stehenden Gotikkirchen St.Marien, St.Aegidien und St.Martin die überwiegend roten Schindeldächer der Fachwerkhäuser und Ziegelsteinbauten in den Gassen. Von der Lindenallee erreichen wir St.Marien durch die schmalen Gänge der Propstei- oder Altstädter Kirchgasse, deren Namen an die zusätzlichen Bezeichnungen des im 14.Jh. entstandenen Gotteshauses erinnern. Zwischen den beiden auf einem mächtigen Sockelbau ruhenden Türmen schwebte am **Karfreita**g ein großes Kreuz, das unsere Augen überrascht wahrnahmen. Vermutlich wurde es am Karfreitag im Gedenken an die Todesstunde Christi dort aufgehängt. Die Liebfrauenkirche St.Marien wurde in jüngster Zeit gut restauriert und beeindruckte uns in ihrer architektonisch schlichten Schönheit. Von besonderer Art ist der Zierrat der Pfeilerkapitelle: ein bunter Fries von Fabelwesen, Pflan-

zen, Tieren und Gesichtern, aber auch Fratzen, die wohl an den Karneval erinnern, eine Verbindung der thüringischen Gemeinde mit dem rheinischen Frohsinn. In den Seitenschiffen entdeckten wir Fresken aus der Barockzeit in erdfarbenen Tönen. Das Portal erinnert in seiner Größe und Schönheit an eine Münsterkirche. Am Hauptbau, welcher noch stark romanisch wirkt, wurde ein entzückendes gotisches Kirchlein mit Dachreiter angefügt. Im ehemaligen Kirchhof steht die gotische Annenkapelle.
Über die Wilhelmstraße - eine hübsche Passage mit Geschäften, Cafés, Gast- und Bürgerhäusern, häufig aus der Barockzeit - erreichen wir die im Westen "Am Berge" stehende, seit 1803 evangelische Martinskirche. Gelobt wird das Lichterspiel in ihren gotischen Chorfenstern und der Giebelrosette. Leider blieb uns dieses Erlebnis verschlossen. Benachbart der Basilika das Literaturmuseum Theodor Storm. Auf der Treppe vor der Tür begrüßt uns der Dichter als Skulptur in Lebensgröße, als wolle er uns persönlich zur Besichtigung der Gedenkstätte einladen. Doch war auch sie - trotz angeblicher Öffnungszeit - geschlossen. Das prächtige Fachwerkgebäude war ursprünglich das "Mainzer Haus". Hinter St.Martin erhebt sich das früher sogenannte "Mainzer Schloß", ein stattlicher Barockbau, einst Residenz der Mainzer Statthalter und heute Sitz der Kreisverwaltung.
In der Wilhelmstraße 73 wohnte Theodor Storm. Er kam 1856 nach Heiligenstadt, da ihm die Dänen wegen seines "Annexionswiderstandes" des Amtes enthoben hatten, und blieb acht Jahre als Kreisrichter. Nachdem sich der Dich-

ter zunächst entsetzt über seine neue Heimat geäußert hatte: "Hilf Himmel, welch eine Stadt: Lehmhütten und Baracken...", urteilte er schon wenig später freundlicher: "Das Ganze hier macht trotz der Ärmlichkeit keinen üblen Eindruck, die Berge gucken überall in die Stadt... Merkwürdig, heute sieht mir die Hauptstraße ganz nett aus..." Und später schrieb er gar: "Ich weiß nicht, daß ich schon jemals von der zauberhaften Schönheit eines Erdflecks so innerlich berührt worden wäre." In derselben Straße Nr.52 befand sich früher das Gasthaus "Zum Mohren", in dem Goethe und Schinkel übernachteten. Der Geheimrat aus Weimar äußerte sich 1801 auf einer Reise nach Bad Pyrmont über Heiligenstadt: "Diese Stadt ist im Ganzen sehr reinlich und nach dem Brande... ziemlich regelmäßig erbaut." - Mittags kehrten wir im "St.Martin" ein. Das Restaurant wurde erst Anfang 1993 auf dem Keller eines alten Hauses erbaut und in bezaubernder Art und Weise mit Möbeln und Bildern des Jugendstils ausgestattet. Der freundliche Wirt servierte heute, am Karfreitag, Fischgerichte, aber auch Allgäuer Spätzle zum Schwarzbier.
Nach dem großen Stadtbrand von 1739, dem viele schöne Bauten zum Opfer fielen, wurde u.a. auch das neue Rathaus errichtet. Dahinter der Markt mit dem Neptunbrunnen: "Lektumes" nennen die Einheimischen ihren Wassergott. Nur wenige Schritte entfernt erhebt sich die Aegidienkirche in der einstigen "Neustadt". Das gotische Gotteshaus (1333 neu entstanden) birgt einen herrlichen 14-Nothelfer-Altar der Renaissance und einen gotischen Flügelal-

tar, welcher Anna Selbdritt und die Apostel darstellt.
In der Klausengasse wurde anstelle der ehemaligen "Klausmühle" nach dem Brand eine neue Mühle im malerischen Fachwerkstil errichtet. In der alten Klaus-Mühle wohnte im 15.Jh. Familie Riemenschneider. Ihr bedeutendster Sohn Tilmann soll hier um 1460 geboren worden sein. Das Bächlein, daß das Mühlrad speiste, ist die Geislede. Sie fließt neben dem Friedhof gen Norden, an der Klauskirche - eine Hügelkapelle - vorbei und stürzt sich als Wasserfall hinunter zum Leinetal. Die Leine fließt hier durch den Heinrich Heine-Park, ein Kurpark mit Kurmittelhaus und kleinen Teichen. Der Namenspatron des Parks: Heinrich Heine, ließ sich in Heiligenstadt taufen. In einem Schreiben des damaligen Superintendenten an seine Erfurter Dienststelle heißt es: "Ein Israelit aus Düsseldorf namens Harry Heine...hat sich bei mir zur Taufe angemeldet. Er studiert in Göttingen die Jura und will nicht dort, wo man ihn kenne, sondern hier, wo er fremd sei, und zwar in aller Stille getauft sein".
Im Park blühen gelbe Anemonen und Scharbockskraut; auch die Glöckchen der Forsythie leuchten osterfroh in der Sonne. Eine Gedächtnisstätte für die Gefallenen beider Weltkriege und das älteste Völkerschlacht-Denkmal, das an die Toten der napoleonischen Kriege von 1813-15 erinnert. Es gibt noch manch sehenswertes Gäßlein in Bad Heiligenstadt. Überall fanden wir bereits restaurierte Häuser, aber auch noch manche Gebäude, die an den Untergang des "realexistierenden Sozialismus" erinnern,

in dem Privateigentum nachrangig behandelt wurde.

Ein sonniger Ostertag; nur morgens brütet Dunst im Geisledetal. Über Kreuzebra gelangen wir nach Dingelstädt. Zwar 830 + 1220 als Thingstätte urkundlich genannt, erreichten die Bürger erst 1859 durch eine "Königliche Cabinettsordre" die Erhebung zur Stadt. Dingel= städt an der jungen Unstrut enttäuschte uns gewissermaßen. Zwar fanden wir auch hier einige gut restaurierte Gebäude aus alten Zeiten, so das Fachwerk-Rathaus neben einem bildschönen Barockbau und dem "Goldenen Löwen". In mehreren Straßen hatten wir jedoch das Gefühl: hier hat sich seit Jahrzehnten wenig geändert. In Dingelstädt siedelte sich auch mehr Industrie an als in anderen Eichsfeldorten. Außerdem sind wohl mehrere Brände in den letzten Jahrhunderten die Ursache der auffallend uneinheitlichen Bauweise des Zentrums. So bemerken wir neben häßlichen Bauten um 1900 einige architektonisch beachtliche Bauwerke wie die "Große Mühle", die jedoch oft mangels Pflege jetzt trist und grau anmuten. Stattlich wirkt St. Gertrudis, eine Kirche Mitte des 19.Jhs. errichtet, deren breite Front einem versteinerten Wald gleicht. Obenauf hockt behäbig ein niedriger aber massiver Turm, blaubehelmt mit Goldknauf. Der Stil ist jenem des Mittelalters so nachempfunden, daß selbst ein Kenner den Bau beim Erstblick kaum als Neugotik wahrnimmt.
Unstrutaufwärts erreichen wir bald das Frauenwallfahrts-Kloster Kerbscheberg. Es entstand

37: Heiligenstadt im Eichsfeld; Liebfrauenkirche St.Marien (1993)

38: Heiligenstadt; Klaus-Mühle, Geburtshaus Tilmann Riemenschneiders (1993)

39: Heiligenstadt; Geisleder Wasserfall
    im Heinrich Heine-Park (1993)

40: Kirchlein einer ehemaligen Siedlung im Werdigshäuser Grund im Eichsfeld (1993)

41: Worbis am Ohmgebirge (Eichsfeld); Rathaus (1993)

42: Burg Bodenstein im Ohmgebirge (Eichsfeld); Tagungs-Begegnungs- und Ferienstätte der Evangelischen Kirche (1993)

erst Mitte des 19.Jhs. Das einfach backsteinrote Kirchlein mit schmalem Schieferturm fügt sich dem Haupttrakt an. Der einschiffige Raum verströmt wohltuende Harmonie. Der religiöse Geist der Nonnen ist spürbar. Im kleinen Chor hängt ein mächtiges Kreuz ungewöhnlicher Art: Christus wurde nicht als der Leidende sondern als der Ahnende seiner Auferstehung dargestellt. Außerdem sind auf diesem Kruzifix Engel und die Getreuen, welche Jesu beistanden, zu sehen. In den beiden entgegengesetzten Ecken des Saales bewundern wir eine anmutig ansprechende Gruppe der 14 Heiligen aus dem Barock, gegenüber die Kreuzabnahme. Seitlich des Klosters blühen im lichten Hochwald Anemonen, Immergrün, Frühlingsfeigwurz und sogar Veilchen. In gewissen Abständen ragen die Kreuzwegstationen empor. Eine beeindruckende Verbindung von Religion und Natur. Bei Kefferhausen quillt die Unstrut mitten im Wiesenrain aus einer Steingrotte. Das Rinnsal strebt schon wenige Meter vom Quelltopf entfernt einem Bächlein zu, sodaß der Eindruck entsteht: hier verströmt sich die Unstrut bereits wieder in einem größeren Wasser. Im Waldschatten entfalten sich die Blätter des Aronstabes, dessen tütenartigen Blütenkelche später neugierige Insekten anlocken und vertilgen.
Auf einer Feldstraße holpern wir durch den Werdigshäuser Grund. Von der ehemaligen Siedlung verblieb nur eine kleine Kirche mit Dachreiter, umgeben von Bäumen. Besonders fällt ein dicker Baumstumpf auf. Splitter verraten, daß dieser Baumriese wohl erst kürzlich vom Sturm geschlagen wurde. Nur wenige dünne Zweige

lassen erkennen, daß er dennoch überlebte. Könnte er vom Leben im Dorf erzählen! - Über Wachstädt kommen wir südlich nach Küllstedt. Hier erhebt sich am Berge eine Kirche außergewöhnlichen Stils: St.Georg und Juliane geweiht. 1929/30 als größte katholische Dorfkirche des Eichsfeldes aus Quadern klar, sachlich gefügt. Die Fensteröffnungen sind schmale langgestreckte Rechtecke. Der untere Turmstumpf scheint einem früheren Gotteshaus anzugehören. Kanzel und Hochaltar verkünden Freude des Barocks, vor allem wenn sie vom seitlichen Lichteinfall erhellt werden. Die Buntglasfenster zeigen Heilige, die Madonna und interessante Christusmotive.

Südlich nach Struth und spitzwinklig Richtung Abend durch den Rain nach Effelder. Weithin im Land ruft der "Eichsfelder Dom" mit den türkisschimmernden Kupferblechdächern seine Pilger. Kreuzwegaltäre weisen den Frommen den Weg vom Ort hinan zum Hügel. In St.Alban - vor reichlich 100 Jahren dreischiffig als höchstgelegene Kirche der Region errichtet (knapp 500 m über NN) - überrascht uns der herrliche 1920-25 von Georg Kemper geschaffene Kreuzweg aus buntbemalter Majolika, sowie der Marienaltar mit den 14 Hl. Nothelfern. Zurück nach Struth und hinein ins Friedatal, wo sich mitten im Walde Kloster Zella verbirgt, heute ein Altersheim der Evangelisch-Sächsichen Kirche, ein Juwel unter den Klosteranlagen und in hervorragendem Zustand, vergleichbar etwa Bebenhausen im Schwäbischen, das ebenfalls auf einem Waldhügel ruht. An einem Fischweiher - und leider stinkendem Wasser - vorbei, steigen wir nach Zella-Friedenspring empor. Prächtige Fachwerktrakte, von roten Dächern malerisch erhellt, lagern auf Steinmauern. Durchs Klostertor betreten wir den Innenhof, welcher liebevoll mit Frühlingsblumen geschmückt ist: Blausternchen, Tulpen, Seidelbast; sogar Krokusse leuchten noch wie Ostereier in der Abendsonne. Dominierend: die romanische Klosterkirche der ehemaligen Benediktinerinnen. Mystische Stille und Dämmerung umfängt uns. Im vorderen Kirchenschiff hängt ein kostbarer schmiedeeiserner Leuchter von der Holzdecke; der Rückteil des Weiheraumes wird von einem Gewölbe überschirmt. Durch ein Seitentürchen gelangen wir noch in den abgelegenen Hofplatz, wo in den ehemaligen Kammern der weisen Frauen heute alte Leute ihren Lebensfeierabend genießen können.

Auch der zweite Ostertag schenkte uns Sonne und Milde. Ziel war das früher als Grenzort zwischen Niedersachsen und Thüringen bekannte Worbis, 1112 als Wurbeke erstmals urkundlich erwähnt und später wiederholt leidgeprüft durch Kriege und Seuchen. Vor allem der Stadtkern ist ein Schmuckkästchen der Fachwerkkunst. Hier stehen das alte Rathaus und das Rentamt (1608) mit Heimatmuseum. Die Stadtkirche von 1878 ist ein eigenartiger Mischstil: vermutlich stammen einige Bauelemente noch aus älteren Zeitepochen. Rund zwei Jahrhunderte früher als St. Nikolaus entstand das Franziskanerkloster mit seiner Antoniuskirche, kürzlich zu neuem Glanz restauriert. Leider kann auch hier der Besucher das Haus des Herrn nicht

betreten wie vielerorts in unseren Tagen. Lediglich in die Kapelle wird er eingelassen und darf durch ein Gitter in das etwas düstere und mit Kunstschätzen überladene Hauptschiff spähen. - Von Worbis am Fuße des Ohmgebirges, wo die Quellen der Hahle und der Wipper entspringen, nach Kirchenohmfeld. Hier fanden wir eine Gedenkstätte für den Komponisten Heinrich Werner, der hier am 2.Oktober 1800 geboren wurde. Von zahlreichen Vertonungen des "Heiderösleins" von Goethe, wurde seine Melodie am bekanntesten. Das Lied erklang am 20.Januar 1829 zum ersten Male. Sehenswert ist das alte Dorfkirchlein. Seine wunderschöne lichte Barockausstattung ist im rechten Maße im Raum verteilt. Am stärksten berührte mich ein schwebender weißer Engel.
Bergan, vorüber am ehemaligen Rittergut und der späteren LPG Adelsborn, hinein ins Ohmgebirge. Auf der Waldhöhe am Bornberg präsentiert sich die heute in Händen der Evangelischen Kirche befindliche und z.Zt. zu einer Tagungs- Begegnungs- und Ferienstätte neugestalteten Burg Bodenstein. Ziel der Veranstaltungen ist es, einen Weg zur "Rückkehr zum Leben" zu finden, "das freier und ursprünglicher, verträglicher für unsere Mitwelt und zugleich erfüllter für uns selbst" sein soll. In den Buchenwäldern blühen roter und weißer Lerchensporn, Aronstab, Buschwindröschen und eine seltene Lilienart. Das der rund 1000jährigen Burg Bodenstein benachbarte gleichnamige Restaurant ist bei den Eichsfeldern so beliebt, daß es an sonnigen Tagen schwierig ist, einen Tischplatz zum Mittagsmahl zu bekommen. Wir

hatten Glück, ließen uns die hier heimischen thüringischen Speisen schmecken: Wildbraten, Klöße und Rotkohl zu Radeberger Bier aus Sachsen. - Der Birkenberg bei Kaltohmfeld erreicht mit 533 Metern den höchsten Punkt im Eichsfeld. Auf der Rückfahrt halten wir noch vor der mächtigen Klosteranlage Reifenstein am Saume des Dün, 1162 vom Grafen von Gleichen gegründet. Heute ist hier das Kreiskrankenhaus Worbis stationiert. Das prächtige Portal der Klosterkirche stammt aus dem Jahr 1743. Eine Tafel verkündet, daß das Zisterzienserkloster während des Bauernkrieges (1525) von Aufständischen gestürmt wurde. Kurz zuvor wirkte an dieser Stätte Thomas Münzers Kampfgefährte Heinrich Pfeiffer.

Trutzveste kontra Raubritternest

Die Burgen Ludwigstein und Hanstein über dem Werratal

Bald 600 Jahre stehen sie sich schon gegenüber: die Burgen Ludwigstein und Hanstein, auf weithin sichtbaren Bergkuppen. Trutz- und Schutzveste die eine, Raubritternest die andere. Und ihre grimmigen "Neidkopf" genannten Fratzen blicken jeweils verächtlich von hohen Mauern über das Werratal hinüber zur gegnerischen Burgbesatzung. Landgraf Ludwig I. von Hessen ließ 1415 den Ludwigstein als Wachtburg errichten, um vor allem den reisenden Kaufleuten auf der Straße von Sooden-Allendorf nach Witzenhausen Schutz zu bieten, aber auch um die Bewohner der benachbarten hessischen Dörfer vor Plündereien und Brandschatzungen durch Hansteiner Grafen und ihre Reisigen zu bewahren. Die Geschichte des thüringischen Hansteins dürfte rund doppelt so alt sein. Zwar wird schon 826 im Güterregister des Klosters Corvey eine Burg "Haanstedihus" im sächsischen Besitz erwähnt, doch wird die Urkunde als echt angezweifelt. Gewiß ist jedoch, daß Graf Otto von Northeim den Hanstein im 11.Jh. als "Allod" (persönliches Eigentum) besaß. Kaiser Heinrich IV. zerstörte 1070 mit seinen Mannen die Burg total, da Otto ihm angeblich nach dem Leben getrachtet habe. Schon fünf Jahre später stand der neue Hanstein. Er kam durch Erbschaft an Heinrich den Löwen und dessen Sohn Kaiser Otto II. und gelangte Anfang des 13.Jhs. in die Hände der Mainzer Erzbischöfe, welche für lange Zeit auch die Herrschaft über das Eichsfeld ausübten und den Hanstein durch Lehensleute bewachen ließen. 1308 schloß Erzbischof Peter mit den Hansteiner Brüdern Heinrich und Lippold einen Vertrag über den Neubau der Burg, auf eigene Kosten der Grafen, aber mit dem Recht, daß künftig sie und ihre männlichen Erben stets Amtsleute und Burgmänner auf dem Hanstein sein dürften. Der Bau des neuen Hansteins mit zwei Türmen, die seit Jahrhunderten zum Wahrzeichen der bedeutendsten Burg des Eichsfelds wurden - ein trotziges, standhaftes Brüderpaar, so blicken sie ins Land - und den gewaltigen Mauern, dauerte mehr als zweihundert Jahre.

In jener Zeit (1416) zog der erste Amtsmann, Hans von Dörnberg, "Junghans" genannt, auf Burg Ludwigstein ein. Nach dem Tod Landgraf Ludwig I. 1458 regierten seine Söhne das nordhessische Land, Ludwig II. in Kassel, Heinrich in Marburg. Kam es schon unter Amtsmann Hans von Dörnberg II., welcher mit Geschick seine Ländereien durch Neuerwerb vergrößern konnte, zur Fehde mit dem neidischen jungen Werner von Hanstein "bei dem Bornhause oder Landwehren undt die Graben bober dem Ahrenberge", so fand das Raubritterunwesen der Hansteiner im 3.Viertel des 15.Jhs. seinen Höhepunkt. Ihre Macht war so gewachsen, daß sie ihre Besitzungen ausdehnen und neue Herrensitze errichten konnten. Ihre Burg hielt allen Angriffen und Belagerungen des 14.-16.Jhs. stand, war zwar im 30jährigen Krieg strategisch schon ohne Bedeutung, nutzte aber den Dörflern als Schutzort und Versteck für ihre Habseligkeiten. Schwedische Truppen plünderten 1632 den ungeschützten Hanstein. Trotz wiederholter Reparaturen im 17.Jh. galt die Burg bereits 1683 als "wüst und unbewohnt". Im Hessischen, auf Burg Ludwigstein hingegen, löste Jahrhunderte lang ein Amtmann den anderen ab, u.a. folgte auf das Geschlecht derer von Berlepsch kurioserweise genau 100 Jahre nach Erbauung des Ludwigsteins Christian von Hanstein. Er erwarb dank des Wohlwollens Landgraf Philipps als Pfandschaft eben jene Veste, die ursprünglich zum Schutz gegen das Raubritternest seiner Väter erbaut worden war. Neue Amtsmänner zogen auf dem Ludwigstein ein. Dies änderte sich auch nicht als die Burg zwischen 1628 und

1834 Besitz der Landgrafen von Hessen-Rotenburg-Rheinfels wurde (1835 zurück an Hessen-Kassel). Einer der ersten bürgerlichen Amtmänner in Hessen war Hans Holle unter Landgraf Moritz. Seine "Ludwigsteiner Salbücher" der Jahre 1583-88 dienen auch heute noch als bedeutsame Quellenaussagen jener Zeit. Im 30jährigen Krieg blieb der Ludwigstein von Kriegsgreueln verschont. Inzwischen erfolgte die Bewirtschaftung durch die Domäne Wendershausen. Ende des 17.Jhs. erfolgte eine Ämtertrennung zwischen Amtmann (nun Sitz in Witzenhausen) und einem landwirtschaftlichen Pächter des Ludwigsteins. Erster "Conduktor" wurde Otto Quentin. Letzter Pächter war der Lehrer Wilhelm Ehrbeck, welcher auf dem Ludwigstein eine Schule für die Kinder im Umland leitete. Schließlich lebte im 19.Jh. ein sogenannter "Hohmann" (Ackervogt) auf der Burg, bis diese 1870 endgültig verlassen wurde. Sehen wir auf Kupferstichen des 17.Jhs. (u.a. von Matthäus Merian) beide Burgen noch gut erhalten, um 1700 den Ludwigstein auf Ernst Metz' Gemälde noch malerisch-stattlich mit mehreren Fachwerkaufbauten, daneben die Burgkapelle, in welcher auch Taufen vollzogen wurden, so schrieb bereits 1845 der Eichsfeldmaler Carl Duval begeistert beim Anblick des Hansteins: "Nie in meinem Leben werde ich den Augenblick vergessen, in welchen ich zum ersten Male die Ruinen der alten Burg Hanstein...gleich dem Gespenst eines geharnischten Ritters vor mir aufsteigen sah...Von Bewunderung hingerissen... fühlt man sich fast überwältigt, denn die Ruinen sind überaus großartig...Sie geben ein schönes lebendiges, vollständiges Bild eines alten Ritterschlosses." Begeistert vom Ludwigstein war Enno Narten auch, als er 1908 die Burg "entdeckte", freilich auch betrübt, als er den Verfall der seit rund 40 Jahren unbewohnten Anlage erkannte. Dennoch beeindruckte ihn die alte Veste so stark, daß ihn ein Gedanke nicht mehr verließ: der Ludwigstein muß eine Burg der Jugend werden. So beschloß er während der Kriegsweihnacht 1914 in St.Quentin mit einigen Wandervogelkameraden eine Erinnerungsstätte für die gefallenen Freunde zu schaffen.

Am 4.April 1920 wurde die "Vereinigung zum Erwerb und zur Erhaltung der Burg Ludwigstein bei Witzenhausen an der Werra" gegründet. Der Kasseler Regierungspräsident Springorum - später Schirmherr der Jugendburg - unterstützte den Aufruf nach Spenden und zur Mitarbeit des Ausbaus der Burg. Paul Haferkorn aus Göttingen übernahm die Aufgabe des Burgarchitekten. Am 1.Mai 1920 zog Hans Schneidewind als 1.Burgwart auf dem Ludwigstein ein. Ab Ostern 1921 fanden bereits Tagungen und Lehrgänge statt, konnten Gäste beherbergt werden. Enno Narten wurde zum hauptamtlichen Geschäftsführer der Vereinigung bestellt. "Ludwigsteiner Notgeld" diente ein Jahr lang zur Werbung: "Sei zu geben gern bereit, / Miß nicht kärglich deine Gaben, / Denk, in deinem letzten Kleid / wirst du keine Taschen haben." Der Eingang der Spenden floß beträchtlich, selbst Firmen halfen mit Sachgaben für den Bau. So konnte durch Fleiß und Tatkraft vieler freiwilliger Helfer am 2.Juli 1922 die "Übergabe der Burg an die deutsche Jugend" durch Springorum im Auftrag der preußischen Staatsregierung vor über 2000 Jugendlichen stattfinden. In den nächsten Jahren konnte auch der Innenausbau der Burgräume durchgeführt werden, und immer mehr Gruppen der Bündischen Jugend wählte den Ludwigstein als beliebte Tagungsstätte. Leider wurde jedoch bald das rege freie Leben auf der Jugendburg durch die Machtübernahme der Nationalsozialisten erheblich gestört. Konnten zunächst noch Kompromisse mit der Hitlerjugend ausgehandelt werden, um die Gedenkstätte für die gefallenen Wandervögel zu erhalten, wurde 1941 der "Freundes- und Förderkreis Jugendburg Ludwigstein" auf Anordnung des Reichssicherheitshauptamtes aufgelöst. Zum Glück dauerte die unwürdige Zeit nur vier Jahre. Schon wenige Wochen nach Kriegsende bemühten sich Hannes Aff und Enno Narten mit Freunden, die völlig geplünderte Burg zurückzugewinnen. Schon im Mai 1946 fand die erste Mitgliederversammlung auf dem Ludwigstein statt, unter Leitung von H.Aff und Prof. Hermann Schafft. Als schließlich ab 1948 Dr. Walther Jantzen als Burgwart fungierte, begann eine neue Blütezeit, und immer mehr alte und neue Bünde fanden sich zu Tagungen zusammen.

Anfang der 50er Jahre kam auch ich mit meinen Eltern und Freunden von der Freien Wandervogel-Gemeinde erstmals auf den Ludwigstein. Es war jene Zeit, in der die grausamste Grenze, die je zwischen Thüringen und Hessen bestand, erneut die beiden Burgen zu Gegenpolen werden ließ. Galt der Ludwigstein als Ort freier

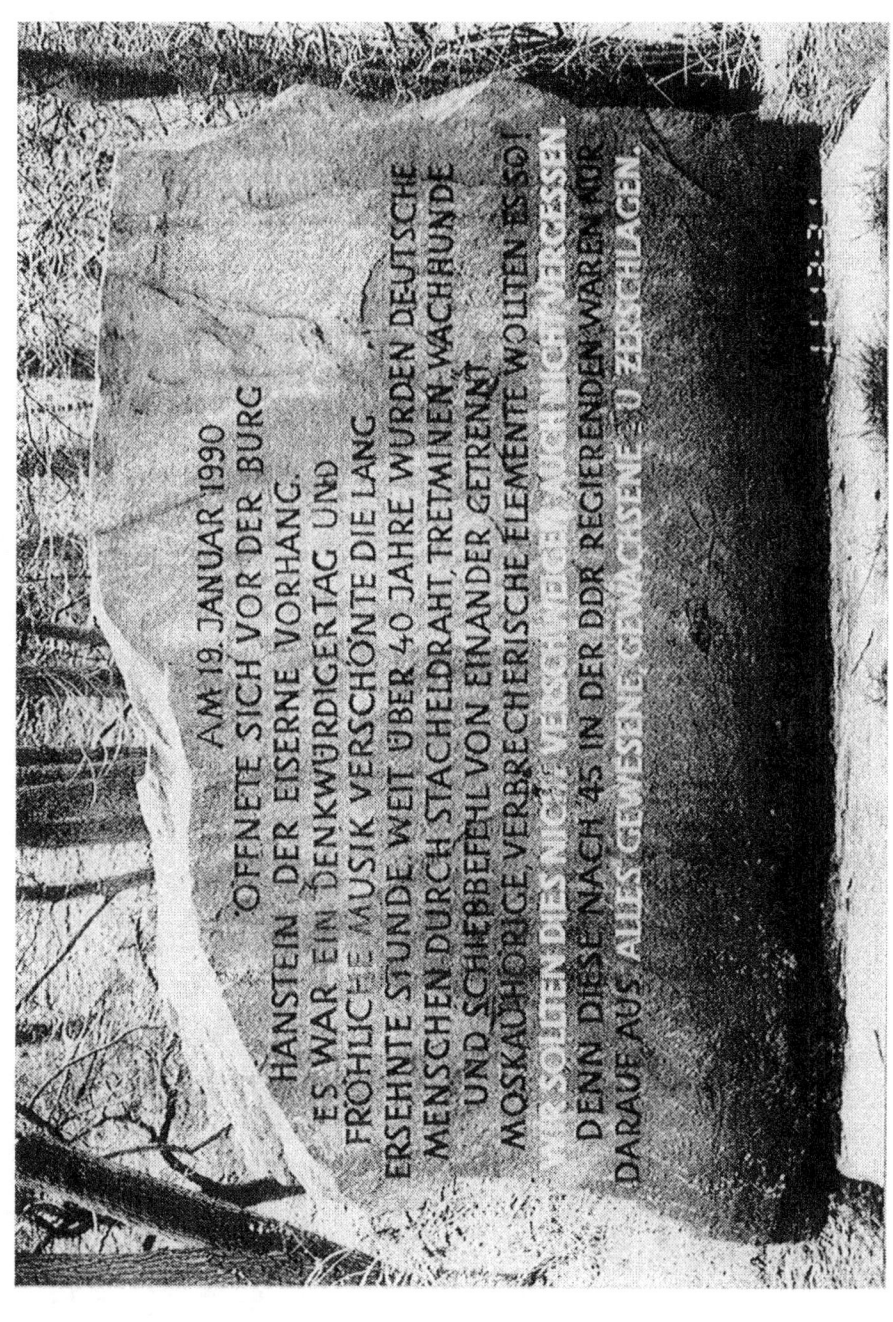

53: Gedenkstein an die Zeit der deutschen Teilung an der Straße von Werleshausen (Hessen) nach Bornhagen (Thüringen) am Rande des Eichsfelds (1993)

54: Jugendburg Ludwigstein (1993)

55: Die menschenverachtende Grenzanlage, die Hessen von Thüringen trennte - östlich von Werleshausen an der Werra (1993)

56: Ehemalige Raubritterburg Hanstein
    über dem Werratal (1993)

57: Das entzückende Kirchlein von Rimbach am Hanstein (1993)

Lebensentfaltung und geistiger Gestaltung der Nachkriegsjugend und der im Herzen junggebliebenen Wandervögel, so hockten auf dem Hanstein Angehörige der NVA (Nationale Volks-Armee), die den "Eisernen Vorhang" bewachten und nicht einmal die Landsleute der DDR in den Sperrgürtel hineinließen. Wie oft schauten wir damals vom Granitblock hinter dem Ludwigstein, der an die brutale Teilung Deutschlands gemahnte, traurig und zornig hinüber zum Hanstein, dessen Besichtigung - nur eine Fußstunde entfernt - uns verwehrt blieb, oder wir verharrten stumm im Gedenkraum für die Gefallenen, wo ein Licht, entzündet, so lang brennen sollte, bis unser Land wieder vereint sei.

Rund dreißig Jahre waren vergangen, als ich zu Ostern 1993 erstmals wieder in diese Gegend kam und gemeinsam mit meiner Frau vom Werra-Ufer hinauf zur Burg glücklicher Jugendtage stieg, am sonnenwarmen Trockenhang entlang, wo alte Wacholderbüsche sich ausbreiten, Veilchen violette Tücher bilden, und dazwischen, wie gestickt, die gelben Sternchen der Blutwurz schon erblüht sind. Von der mächtigen Paasche-Linde - aus etlichen stammdicken Ästen zu einem Baumhügel gewachsen - unter der wir oft auf Steinen oder im Gras gesessen und zum Klampfenklang gesungen haben, bietet sich der schönste Blick auf die Breitseite des Ludwigsteins. Davor auf der Wiese schlugen wir unsere Zelte auf. Wie früher schon, herrscht auch heute munteres Leben auf dem Söller, in der Burg und um ihre Mauern herum. Zwei Jungen bieten sich an, uns durch die Anlage zu führen. Gern willigen wir ein. Erinnerungen werden wach, als wir den Burghof betreten. Rechts hängt die Tafel zum Gedenken an die 7000 im Ersten Weltkrieg gefallenen Wandervögel. Daneben befinden sich der Burgkeller und der Weiheraum, in dem die Fahnen der alten Jugendbünde aufbewahrt werden. Jene Treppe, auf der wir einst bei Vorträgen im Burghof saßen, führt hinauf zu den Fachwerk-Obergeschossen. Vertraute Räume: das Kaminzimmer, in dem noch ein steinerner Abort aus der Ritterzeit zu bewundern ist, sowie ein Mini-Waschbecken aus Stein; das Landgrafenzimmer wird jetzt als Rotkreuz-Station benutzt. Hinunter in den Burghof, in dem wir damals oft riesige Mengen Kartoffeln schälten. Der Speiseraum im hinteren Trakt hat sich völlig verändert. Hier befindet sich auch der Durchbruch zum in den 60er Jahren entstandenen Meißnerbau. Links im Rittersaal fanden die meisten Veranstaltungen statt. Noch hängen die großen Radleuchter von der Decke. Fotos an den Wänden erinnern daran, wie die Burg einst aussah, als sie von den Wandervögeln übernommen wurde. Neben dem Tor die "Torklause", in der auch heute noch Karten, Bücher oder Andenken gekauft werden können. Schließlich zeigen uns die Buben noch den Neubau. Er ist gleichfalls wie die Burg aus Quadersteinen gefügt, mit roten Schindeldächern bedeckt. Sogar ein Schwimmbad wurde in einem der unteren Räume eingerichtet. Zuletzt gehen wir noch um den Ludwigstein herum, betrachten die Fratzen. Neben dem "Neidkopf" hatte der "Rufer" eine symbolische Aufgabe: Hilfe für die bedrohten

Burgleute herbeizurufen.
Gemächlich kehren wir zum Parkplatz zurück, fahren über die neue Werrabrücke nach Werleshausen. Im Bahnhof des Dorfes stiegen wir früher aus dem Zug und strebten dem Ludwigstein zu. Werleshausen ist ein Schmuckkästchen an schönen Fachwerkbauten und sauberen kleinen Höfen. Auf dem schmalen Landsträßchen fahren wir dem Hanstein entgegen und erreichen bald die ehemalige deutsch-deutsche Grenze. Ein Teil der menschenverachtenden Anlage soll als Mahnmal die Zeit der Teilung Deutschlands wachhalten. Auf einem Gedenkstein am Straßenrand lesen wir:
"Am 19.Januar 1990 öffnete sich vor der Burg Hanstein der eiserne Vorhang. Es war ein denkwürdiger Tag und fröhliche Musik verschönte die lang ersehnte Stunde. Weit über 40 Jahre wurden deutsche Menschen durch Stacheldraht, Tretminen, Wachhunde und Schießbefehl von einander getrennt. Moskauhörige, verbrecherische Elemente wollten es so! Wir sollten dies nicht verschweigen, auch nicht vergessen. Denn diese nach '45 in der DDR Regierenden waren nur darauf aus alles Gewesene, Gewachsene zu zerschlagen."

Wenig später erreichen wir Bornhagen, jenen Ort hinter dem Hanstein, welcher sich in jüngerer Zeit der DDR-Herrschaft weiter ausbreitete und sogar eine Kaserne erhielt. In einem kleinen Landgasthaus speisen wir gut und preiswert auf Thüringer Art: Klöße, Rotkraut und Rouladen; dazu Salat.
Neben der Kirche führt der Weg steil hinan

nach Rimbach. Hier im Dorf standen früher bereits die ersten Tore der gotischen Burg Hanstein. Und dann stehen wir wirklich vor der gewaltigen Ruine - sie gilt als eine der schönsten Burgruinen Mitteldeutschlands - der Ritter von Hanstein, die von hier aus ihre Raubzüge in die benachbarten Orte, ja bis Heiligenstadt unternahmen. Dennoch war auch ein Hansteiner Pfarrer der Rimbacher Kirche. Sie ist ein Juwel: ihr breiter Rechteckturm trägt über dem Fachwerk-Obergeschoß zwei spitze, hochaufragende Türmchen. - Sie ist schon imposant, diese alte Burg, deren 1985 begonnene Sanierungsarbeiten fortgesetzt werden. In mehreren Mauern erkennen wir noch deutlich die gotischen Fenster. Stattlich und trutzig wirken auch die beiden Rundtürme, von denen einer 24 m hoch in den Himmel ragt. Durchs letzte Tor - früher durch eine Zugbrücke gesichert - gelangen wir in die einzelnen, durch Mauern noch angedeuteten Räume. Bezeichnungen nennen dem Besucher die ehemaligen Gemächer: die Kirche, die Küche mit Kamin und Burgbrunnen, der Rittersaal mit Epitaphien verstorbener Hansteiner Grafen. Im Burgverlies schmachtete als letzter Gefangener im 18.Jh. der Gattenmörder Hans Semmelroth; nach ihm wurde die gruslige Stätte "Semmelhansloch" genannt. Zuletzt umschreiten wir noch die Kernburg. Eine Schildmauer ist stark von Efeu umwuchert, ein romantisches Motiv. Mehrere Söller und Mauern umgeben das weitere Burggelände, wo einst Wirtschaftsgebäude, Stallungen und Wohnstätten für Dienstboten standen.
Zu guter Letzt ruhen wir auf einer Bank, genie-

ßen den milden Ostertag und denken daran, daß der Hanstein ein beliebtes Reiseziel für viele Persönlichkeiten war, wie Robert Koch, Max Planck, Carl Friedrich Gauß, vor allem aber für Dichter wie Achim von Arnim, die Gebrüder Grimm oder Heinrich Heine. Goethe schrieb hier ein "launiges Gedicht" und Theodor Storms Märchen "Der Spiegel des Cyprianus" spielt auf dem Hanstein.
Wir schauen nach Thüringen und zu den ferneren hessischen Bergen und erstmals vom Hanstein auf den im Dunst lagernden Ludwigstein und haben das beglückende Gefühl: mitten im grenzenlosen Deutschland zu sein.

3.Oktober 1990:

Mitten in Deutschland unterwegs

Zwischen Bebra und Eisenach - Ein historisch bedeutsamer Tag

Frühnebel verkündete einen sonnigen Herbsttag, aber auch dunkle Wolken wallten über der mitteldeutschen Landschaft. Licht und Schatten wird auch die Zukunft dem neuen "Deutschland, einig Vaterland" bringen. Bäume und Sträucher grünten erstaunlich lang nach einem trockenen Sommer, als wollten sie die Farbe der Hoffnung auch am Tage der deutschen Einheit den glücklichen Augen noch lebensfroh leuchten lassen. Während der Zug zwischen Wiesen und Waldhöhen

des stillen Kinzigtals rollte, versuchte ich mir das jahrzehntelang ersehnte Wunder, das innerhalb so kurzer Zeit Wirklichkeit geworden war, würdig ins Bewußtsein zu rücken: der 3.Oktober 1990 war nun der erste Tag des wiedervereinten Deutschlands. Keine heroischen Gedanken bewegten mich. Ich war einfach unbeschreiblich glücklich, daß meine Heimat:Sachsen und Thüringen - natürlich auch die anderen neuen Bundesländer - mit Hessen, Franken usw. wieder ein Land ohne Grenzen bilden und die Menschen in Mitteldeutschland wahrhaftig unsere Schwestern und Brüder sein dürfen. Welch ein herrliches Gefühl: von Frankfurt am Main nach Eisenach in Thüringen mit der Bahn zu fahren, ohne die Beklemmung im Magen, die sich jedesmal einstellte, nahte ich mich früher der deutsch-deutschen Grenze, an jenem Tage nun erstmals ohne Grenzkontrolle zwischen Hessen und Thüringen.
Hinter Bad Soden-Salmünster fuhren wir an einem Stausee vorüber; bei Schlüchtern versperrte ein längerer Tunnel den Blick auf den Hessischen Landrücken. Bunte Kühe grasten auf den Weiden. Im Nordhessischen, in der Rhön und auf dem Vogelsberg war der Herbst eingezogen. Bäume und Büsche strahlten in farbprächtigen Erntedankgewändern.
9Uhr45. In der Bischofsstadt Fulda läuteten die Glocken zum morgendlichen Dankgottesdienst. Freies, friedvolles und nun auch souveränes Deutschland, dir gehört meine Liebe, auch wenn ich mich freue über das Zusammenwachsen von West- und Osteuropa, ein gemeinsames Europa, das sich ohne die Wiedervereinigung beider

deutscher Staaten zum pulsierenden Herzen des Kontinents, nicht entwickeln könnte. Äcker, Koppeln, verstreut in der Landschaft, Büsche, Baumgruppen. Einsame Wälder und östlich dahinter im Graudunst die Hohe Rhön; auch sie wieder landschaftliche Einheit ohne grausame Grenze. Steinerne Brücken im Fuldatal.
Reichlich zehn Stunden waren vergangen seit jener bedeutsamen Mitternacht, da erreichte der Zug Bebra, bis zum Tag davor letzte Stadt vor der Grenze. Bebra, eine mittlere Provinzstadt an der Fulda, wurde schon 786 erstmals erwähnt, war jahrhundertelang wichtiger Knotenpunkt der Nürnberger Poststraße und des alten Sälzerweges, erhielt aber erst 1935 Stadtrechte. Sehenswert ist die Evangelische Pfarrkirche. Auf dem Grund eines romanischen Baues entstand im Dreißigjährigen Krieg ein neues Gotteshaus, das wiederholt, vor allem in der Barockzeit, erweitert wurde, im Zweiten Weltkrieg in Schutt und Asche fiel, jedoch schon wenige Jahre später wiedererrichtet wurde.
Der wuchtige Quaderturm mit verschieferter welscher Haube mit Laterne und das Schiff mit seinem malerischen Fachwerk-Obergeschoß über den schmalen hohen Fenstern, vermittelt den Eindruck einer Kirchenburg, zumal sich das Bauwerk auf einem Hügel über die Altstadt hervorhebt. Von der Turmwand schauen die vier Evangelisten auf die Kirchgänger herab, und über dem von einem Engel bewachten Portal verkündet eine Inschrift: "Gottes Zorn liess mich in Truemmer gehn / 4.XII.1944 / Gottes Gnade wieder neu erstehn / 1946-48."
In Bebra treffen sich Nord- und Mitteldeutsch-

land, Bauwerke aus Ziegeln und Schiefer. Einige schöne Fachwerkhäuser, meist mit farbigen Balken, zieren die ländliche Stadt - unter ihnen das "Hotel Rose", die Gaststätte "Hessischer Hof" und die "Löwenapotheke". Gepflegte Gärtchen mit Rittersporn, Dahlien, Astern, Nachtkerzen und anderen Bauernblumen erfreuen den Vorüberschreitenden. Hauptader Bebras ist die Nürnberger Straße mit etlichen Geschäften. Am Rathausmarkt entstand 1980, vorwiegend aus Ziegeln und Glas, das neue Rathaus. Seitlich in der Amalienstraße hübsche Winkel mit Arkaden.

Bebra wirkte am Vormittag jenes 3.Oktobers merklich ruhig. Nur wenige Leute spazierten in den Straßen und die meisten Restaurants waren noch geschlossen. Doch eine freundliche Türkin in der Parkgaststätte "Am Anger" servierte mir einen großen Topf Kaffee für nur zwei Mark. Ich war der einzige Gast an der riesigen Rundumtheke und plauderte mit ihr. Sie lebt seit mehr als zehn Jahren mit ihrer Familie in Bebra und äußerte sich erfreut über die deutsche Einheit: "Ist schön, alle Deutschen beisammen." Da sie selbst ab und zu Heimweh nach ihrer türkischen Heimat hat, verstand sie wohl die Freude der Deutschen über ihr "einig Vaterland" und meinte lächelnd: "Hier in letzter Nacht viel gefeiert - jetzt alles müde."

Als ich zum Bahnhof zurückschritt, rätselte ich, weshalb am Tag der Wiedervereinigung in Bebra zwar etliche hessische aber kaum deutsche Fahnen im Winde wehten.

Im sonnigen Herbstwetter fuhr ich mittags

im Zug der Deutschen Reichsbahn von Bebra am Saume des Seulingswaldes nach Osten, Richtung Thüringen. Noch immer querten Grenzzäune die Felder, stand ein Wachtturm düster bei Untersuhl, mit eingeschlagenen Fensterscheiben. Die Betonpfeiler rechts und links der Schienen hatten aber ihren Drahtzaun verloren. Frohe Menschen spazierten an der ehemaligen Grenze entlang, besichtigten die Sperranlage, der sie sich bis vor kurzem nie hätten nähern dürfen, und feierten auf den Trümmern eines untergegangenen machtbesessenen Staates in Freiheit in Vorfreude auf eine bessere Zukunft.

Geisterhaft wirkten verlassene Zollgebäude beim Gerstunger Bahnhof. Hier war die DDR-Kontrollstelle für sogenannte Transitreisende. Der Zug ratterte über eine Werrabrücke und fuhr hinein ins Thüringer Land. "Das grüne Herz Deutschlands" hatte wieder zu schlagen begonnen.

Lichtbuntes Oktoberland. Rote Sandsteinfelswände, größere bergige Laubwälder, Ausläufer des Thüringer Waldes. Die Bahn holperte und rumpelte über alte Schwellen, die Wagen schaukelten. Die Landschaft öffnete sich: sanfte Wiesen- und Äckerhügel, dahinter Bergrücken; Kiefern und Birken, auch Fichten sind hier heimisch. Der Zug fuhr durch einen Hohlweg; saubere stille Dörfer, rotbedachte Häuser.

Bald war Eisenach, die westlichste aller größeren Städte Thüringens und eines der ältesten Siedlungsgebiete, erreicht. Schon vor rund fünftausend Jahren befaßten sich hier Bandkeramiker mit Ackerbau und Viehzucht. Von stolzer Höhe grüßt die 1067 erbaute Wartburg, welche

allein schon durch Martin Luthers Aufenthalt als Junker Jörg und durch Richard Wagners Oper "Die Meistersinger" Weltruhm erlangte. Zu ihren Füßen entstand im 12.Jh. auch das Dorf Isenache, welches der Stadt ihren Namen schenkte. In den 80er Jahren des 12,Jhs. wurde Eisenach erstmals urkundlich erwähnt als "Civitatas" (Stadt mit Marktrecht).
Nach Verlassen des stattlichen neuromanischen Bahnhofs, speiste ich in der Bahnhofstraße im Restaurant Boulevard in einer hübschen Gaststube preiswert und gut. An einem Park mit Rosensträuchern und Springbrunnen vorüber, wo auch das klotzige Parkhotel steht, gelangt der Gast rasch ins Zentrum Eisenachs. Das romanische trutzige Nicolaitor, ältestes Stadttor in Thüringen, wurde z.Z. restauriert. Die benachbarte Nicolaikirche gehörte zu einem Benediktinerinnen-Kloster und wurde im letzten Viertel des 12.Jhs. erbaut. Nach Verwüstungen im Bauernkrieg (1525) wurde hier dreißig Jahre später erstmals evangelisch gepredigt.
Die Schienen auf dem Platz der DSF (Deutsch-Sowjetischen Freundschaft) erinnern noch an die bis 1975 hier verkehrende Eisenacher Straßenbahn. Hier steht auch das 1895 von Adolf Donndorf geschaffene Luther-Denkmal.
Eisenach wirkte im Herbst 1990 als eine Stadt im Umbruch. Gebäude, grau und braun, vernachlässigt wirkend, und neu renovierte Häuser und Läden in farbiger Ansehnlichkeit, z.T. nach "Westmuster", standen oft nahe beieinander. Die Altstadt ist reich an architektonisch kunstvollen Gebäuden aus verschiedenen Bauepochen bis zur neuen Gotik und Romanik der Grün-

derjahre und des Jugendstils. Am Tag der deutschen Einheit herrschte reges Treiben in dieser Stadt, das Volk belebte alle Straßen; und häufiger als in Bebra waren deutsche Fahnen gehißt. Durch die Johannisstraße kam ich zur Goldschmiedenstraße, wo ein Laden schönes Kunsthandwerk aus Thüringen feilbot.
Der Markt mit Georgenkirche, Rathaus und Schloß begeisterte mich. Das entzückende über vierhundert Jahre alte, neu okerrot angestrichene Rathaus mit seinem Erkeranbau, auf dem ein barockes Schiefertürmchen, halb ins Dach gefügt, emporragt, war ursprünglich städtischer Weinkeller. Hinter ihm lugt ein wunderschönes Fachwerkhaus des 16.Jhs. hervor: die Ratsapotheke. Den Nordplatz beherrscht der senfgelbe Trakt des Stadtschloß', 1742/48 mit drei bemerkenswerten Portalen von G.H. Krohne errichtet. Es beherbergt heute das Thüringer Museum.
Insbesondere aber beeindruckte mich die gegenüberstehende Georgenkirche, welche ihr 800jähriges Bestehen feierte. Luther predigte in ihr am 2.Mai 1521 nach seiner Rückkehr vom Wormser Reichstag. Beim Eintritt in die Vorhalle durch das Westportal mit der Inschrift: "Eine feste Burg ist unser Gott", wo Joh.Seb. Bach - er wurde hier am 23.März 1685 getauft - den Kirchenbesucher wie ein liebevoller Vater begrüßt (Standbild von Prof. Paul Birrs 1939) - war ich den Tränen nah: Daß es plötzlich wieder möglich ist, dies alles sehen und erleben zu dürfen, dies berührte in dieser neuen Zeit zahllose Menschen.
Der ursprünglich dreischiffigen turmlosen Hallenkirche wurde erst 1902 der hohe Turm

69: Bebra; Evangelische Pfarrkirche
    (1990)

70: Bebra; Löwenapotheke (1990)

71: Eisenach am Tag der deutschen Einheit – vor dem Schloß am Markt (3.Okt.1990)

72: Eisenach am Tag der deutschen Einheit - vor dem schmucken Rathaus am Markt (3.Okt.1990)

73: Gerstungen; ehemalige Grenzkontrollstation (1990)

74: Gerstungen; ehemalige Grenzkontrollstation der DDR
Mausefallen-Durchgang für Transit-Reisende (1990)

zur Seite gestellt. Drei herrliche Buntglasfenster der Nachkriegszeit leuchteten im Chor; davor Christus am Kreuz, betrauert von Maria und Johannes. Auf dem Dach der prächtigen Barockkanzel (1676) erhebt sich der Auferstandene mit der Siegesfahne. In der Mitte der dreistöckigen Hufeisenempore prangt die 1698 nach Anleitung des Organisten Johann Christoph Bach (Onkel des Komponisten) erbaute Orgel. Bemerkenswert sind auch die großen Spinnenleuchter im Langhaus.
Auf dem Marktplatz bummelten fröhliche Menschen zwischen Buden hin und her. Musik erklang, junge Leute in thüringischer Tracht sangen Heimatlieder und tanzten. Bratwürstchenduft verdrängte den auch in Eisenach noch wohlbekannten strengen Kohlenrauchgeruch der vielen Ofenheizungen.
Am Lutherplatz fand ich das Lutherhaus in vorbildlichem Zustand. Hier wohnte der spätere Reformator während seiner Schulzeit 1498-1501. Am Fachwerkbau mit dunkelgrünen Balken hängt eine schmiedeeiserne Laterne. Schräg gegenüber steht das rechtswinklige Residenz-Fachwerkhaus. In der Lutherstraße stand das Gasthaus "Zum fröhlichen Mann". Hier sprach am 16.Oktober 1896 August Bebel, Mitbegründer der SPD. - Wenige Schritte weiter erreichte ich den Frauenplan mit dem gelbgetünchten Bachhaus. Breiträumig, stattlich mit hohem Satteldach, empfängt die Gedenkstätte für den Komponisten den Freund himmlicher Barockmusik. Seitlich davor im Gärtchen das Johann Sebastian Bach-Denkmal.
Eisenachs Straßen klettern teilweise Berghänge empor, manch behagliches Haus ruht in grünem

Naturfrieden. Ich ging den Philosophenweg hinunter, ein schmales Sträßchen mit rund hundertjährigen Häusern und gewaltigen Schlaglöchern. Gelegentlich hatte ich mein Ohr "am Munde des Volkes". Alte Leute unterhielten sich: "Wenn man denkt, die wollen uns was Gutes tun! - Nur Geschäfte machen wollen die!" An der Stirnwand eines Hauses las ich: "Spekulanten raus - Punks auch!" In der Friedrich Engels-Straße befindet sich das "Haus der Dienste". Für nur 1,65 DM wurde eine "Heiße Wiener Wurst" angeboten. In der Gaststätte "Wartburghof" schenkte der Wirt Eisenacher Pils aus, das Glas 1,10 DM; eine Tasse Kaffee kostete nur 1,40 DM, ein "Thüringer Rostbrätel" 6,90 DM und das Bauernfrühstück 5,10 DM.
Die Stadt- und Kreisbibliothek am Johannisplatz ist in einem Prunkbau der Neo-Renaissance untergebracht. Dadurch wirkten die baufälligen Häuser schräg gegenüber besonders deprimierend. Die reizende Stadtapotheke mit Erkerchen geleitet den Stadtwanderer hinein in eine der freundlichsten und belebtesten Geschäftsstraßen Eisenachs: die Karlstraße. Vor dem "Brothaus" und dem "Konzert-Café" warten Tische und Stühle auf Gäste. Der Konsum warb mit der Überschrift "Tante Emma" originell zum Kauf in seinem Laden.
Eisenach: Stadt im Umbruch. Vergangenheit und Zukunft berühren einander, bis ins Denken und Handeln. So begrüßte ein Geschäft, das in Kürze eröffnet werden sollte, künftige Kunden mit den Worten: "Willkommen in Thüringen." Daneben auf der Straße grölte ein junger Mann, der die Vorteile der Gegenwart offenbar

noch nicht begriffen hatte und die Nachbarn, die sich hier umsehen und wohlfühlen, nur als Eindringlinge und Konkurenten sah: "Überall - auch auf dem Mond - ein Hesse wohnt!"
In der Alexander Puschkin-Straße entdeckte ich noch mehrere baufällige Häuser; einige werden abgerissen. Im Hintergrund erhebt sich St.Elisabeth, eine Kirche im grauen Zuckerbäckerstil mit grünen Dächern. Dann erreichte ich schließlich wieder den Eisenacher Bahnhof. Erstmals lernte ich einen Bahnhof kennen, in dem "Rauch-Verbot" angeordnet wurde. "Sünder", die dagegen verstoßen, müssen 5 DM Bußgeld berappen. Ich verhehle nicht, daß mir diese gesundheits- und umweltfreundliche Anweisung gefiel.

Bald rollte der D-Zug über das breite Gleisfeld westwärts. Ade, Eisenach; ich war gern hier. Häßliche Ziegelbauten und hübsche Fachwerkhäuser wechseln in der Vorstadt einander ab; Fabrikanlagen, u.a. das "Automobilwerk Eisenach", in dem der "Wartburg" gebaut wurde.
Der lange Felsentunnel in der waldreichen Landschaft wurde ohne Licht in den Bahnwagen durchfahren. Die Fahrgäste saßen in totaler Finsternis - zwei, drei unangenehme Minuten der Hilflosigkeit vergingen. Dieser Zustand war ebenso ein Überbleibsel der DDR-Vergangenheit wie die eingleisige Bahnstrecke bei Gerstungen. Doch von einem Bahnwärterhäuschen grüßte die schwarz-rot-goldene Fahne die Reisenden. Ja, Deutschland war wirklich wieder ein Land geworden!
In Gerstungen besichtigte ich noch die ehemali-

ge Grenzstation. Die Fahrgäste mußten zunächst ein Kontrollhäuschen abseits des Bahnhofs in einer Siedlungsstraße passieren und dann eine Treppe hinansteigen. Nun führte der Weg durch eine gewölbte lange Tunnelröhre, etwa 3 Meter breit und nur 2 Meter hoch. Der Boden der feuchten Mausefalle ist gepflastert. Nur ca. alle 8-10 Meter spendet eine Wandlampe spärliches Licht. Schließlich wurden die Passagiere neben den Gleisen durch eingezäuntes Grünland geleitet - damit sich kein"Unbefugter" dem Zug nach Westen nähern konnte, bis zu einer Hochbrücke, welche den Bahnsteig überspannt und zu einem Treppenturm führt. Nun erst war es möglich, in den wartenden Dieseltriebwagen einzusteigen. Ein Metallzaun, der den Bahnhof teilt, verwehrte auch damals noch den Übergang vom Gleis Richtung Thüringen zum Gleis Richtung Hessen.
Jahrzehntelang waren Ober- und Untersuhl durch die Grenze gewaltsam voneinander getrennt. Nun spazierten die Menschen wieder von Dorf zu Dorf, besuchten die Nachbarn und feierten gemeinsam. Noch teilten stellenweise Zäune der ehemaligen Grenzbefestigung die Fluren und der verlassene Wachtturm wirkte noch immer bedrohlich. Ein Graben vor dem Zaun auf östlicher Seite war wohl als zusätzliches Hindernis für Flüchtlinge gedacht. Die bislang schmale Straße wird nun beidseitig verbreitert.
Im thüringischen Untersuhl entzückte mich die Turmkirche mit ihrer mächtigen Schieferhaube, die an allen vier Ecken von kleinen Türmchen flankiert wird. Noch nie sah ich eine Kirche, die nur aus einem gemauerten Rundturm

besteht. Ein offener Bach fließt durch das Dorf; ein Holzsteg führt ans andere Ufer. Am Ortsausgang warb ein Plakat "Zum Tanz in die Einheit".
Es dämmerte schon, als ich in Obersuhl in Hessen einkehrte. Aus der evangelischen Pfarrkirche strömte trauliches Licht. Dankgottesdienst. Der Pfarrer sprach von der "Allmacht Gottes. ER wendet letztlich alles zum Guten." Neben dem zweigliedrigen spätgotischem Chorturm (Anfang 16.Jh.) mit schönem Buntglasfenster liegt eine Glocke im Grasgarten.
Beide "Suhl" besitzen hübsche Fachwerkhäuser. Doch waren in Untersuhl noch die Straßenränder unbefestigt, sammelte sich Regenwasser in Weglöchern. Noch fielen die Geschäfte in Obersuhl durch reichhaltigeres Warenangebot auf. Aber es wird nicht mehr lang dauern, bis die Unterschiede zwischen beiden Orten verwischt sind und nur noch der hohe Meilenstein von Anno 1842, welcher den Fremden den Weg nach Richelsdorf in Hessen oder nach Gerstungen in Thüringen weist, wird bekunden, daß hier sich zwei Bundesländer grenzenlos aneinanderfügen.

Eine Reise in die Rhön

Nach der Wiedervereinigung einer getrennten Landschaft

Auch die Rhön gehört wie der Harz und das Eichsfeld zu jenen mitteldeutschen Landschaften, die durch den "Eisernen Vorhang" jahrzehntelang brutal geteilt und in ihrer weiteren natürlichen Entwicklung als geographische Einheit empfindlich gestört wurden. Drei Jahre nach der Wiedervereinigung der alten Bundesrepublik mit den nord- und mitteldeutschen Ländern der ehemaligen DDR beschlossen wir, Anfang Oktober in die Rhön zu fahren, um uns in diesem stillen rauhen Gebirge umzusehen, das trotz seiner Kargheit - vor allem in der Hohen Rhön - von einer Anmut unter dem Himmel und einer schlichten Schönheit überstrahlt wird.
Die Rhön - vom keltischen "roino" abgeleitet; das bedeutet Gebirge oder Berg - breitet sich zwischen Fulda, Werra und Fränkischer Saale im östlichen Hessen, nördlichen Unterfranken und südwestlichen Thüringen aus. Ihre engsten Nachbarn sind Spessart und Vogelsberg, Thüringer Wald und die Haßberge.
Der Herbst hielt Einzug in den Wäldern des Jossa- und Sinntales, als wir von Bad Orb kommend die Bayerische Rhön durchquerten und über Bad Brückenau, vorüber an den Schwarzen Bergen, das Aschachtal erreichten. Dort, wo sich das Flüßchen der Fränkischen Saale ergibt,

thront auf waldiger Höhe das ursprünglich hennebergische Schloß; im 12.Jh. erbaut, erhielt es in der zweiten Hälfte des 16.Jhs. seine noch jetzt sichtbare Bauform. 1491 gelangte die Burg an das Hochstift Würzburg und beherbergte im 19.Jh. eine Porzellanmanufaktur, ehe sie die Grafen von Luxburg erwarben und in die Blütezeit ihrer Geschichte führten. Da der letzte Graf, Dr.Karl von Luxburg, 1955 das Schloß und die Kunstsammlung, die sein Vater, der Regierungspräsident Dr.Friedrich Graf von Luxburg, welcher 1873 Aschach als Familienbesitz erwarb, auf- und ausgebaut hatte, dem Unterbezirk Franken schenkte, blieb der Nachwelt eine prächtige Sammlung an Möbeln und Wohnausstattung des 16. bis 19.Jhs., darunter mächtige fränkische Schränke, schöne Kachelöfen der Renaissance, feine Porzellane (vorwiegend aus China), vergoldetes Silbergeschirr, Vasenleuchter und Lüster, böhmische Gläser und Westerwälder Steinzeug sowie wunderschöne Tapeten, die "Napoleons Feldzüge" darstellen, kostbare Gewänder, christliche Plastiken und Gemälde erhalten. Im Fürstensaal finden wir eine reichgedeckte Festtafel, im Blauen Salon ein reizendes Frühstücksgeschirr. Die herrliche schmiedeeiserne Tür in der Burgmauer ist geöffnet. Im Schloßhof befinden sich ein Schulmuseum und das Volkskundemuseum. Zwei nach hinten schräg auseinanderstrebende lange Burgtrakte beherbergen das Graf Lux-Museum. Über dem Eingangsportal lesen wir, was einst "Friderich von Gottes Gnaden, Bischoff zu Würtzburg und Herzog zu Francken Ano 1573" zu verkünden hatte: "Ano Fünfftzigk und dry ungeschmecht / Setzt mich in Brandt marggraff Albrecht / Solchs gschach de neunde novemb gleich / Costlich Baut mich Bisthoff Fridereich Hertzog zu Francken von neuem gar / Alls man zalt Ein und Sibentzige Jar / Christus woll mich in seiner Huet / Hinfurt Schutzen von Feuersggluet."

Im Schloß Aschach verkehrten so berühmte Persönlichkeiten wie Fürst Bismarck, der spätere Kaiser Friedrich III., Kaiserin Augusta Victoria; aber auch der Maler Adolf von Menzel und der Kunstgelehrte Georg von Dehio, waren Gäste des Grafen von Luxburg und seiner Gattin, Prinzessin Louise von Schönaich-Carolath.

Nicht weit von Aschach entfernt steht noch das Hauptschiff der Katholischen Filialkirche St.Blasius, einst als Pfeilerbasilika Mittelpunkt des Zisterzienserinnenklosters Frauenrod. Gestiftet wurde es Anfang der 30er Jahre des 13.Jhs. durch den Minnesänger Otto Graf von der Bodenlauben an jener Stelle, wo der Sage nach einst der Schleier seiner Gemahlin Beatrice von Courtenay vom Winde fortgeweht und an einem Rosenstrauch wiedergefunden worden sei. O.von Bodenlaubens Lieder in manessischer Handschrift gehören zu den "sehr beachtenswerten Werken der mittelhochdeutschen Literatur" (Günther Wölfing). Im Chor der Kirche fanden der Minnesänger und Beatrice, welche er aus dem "gelobten Land" in seine Heimat mitgebracht hatte, ihre letzte Ruhestätte. Ein unbekannter Künstler des 13.Jhs. schuf hierfür hervorragende Sandsteinreliefs, die das Paar idealisiert wiedergeben. Durch das einfache, schöne Bogenportal betreten wir das Mittelschiff. Es ist

in seiner erhabenen Bescheidenheit für Andacht und Meditation bestens geeignet. Allerdings fanden wir, daß der schmucke Renaissance-Altar von 1652 nicht sonderlich in die romanische Halle paßt, zumal die weißen Wände mit dunkelgrau und ziegelrot getünchten Bändern verziert, genügend Farbe bieten; außerdem verdeckt er die zarten Rest-Fresken (um 1450) in der Apsis. 1574 wurde das Kloster aufgehoben, seine Güter rund hundert Jahre später an Bauern verkauft zum Aufbau ihres Dorfes Frauenroth.
Über Burkardroth gelangen wir tiefer in die Hohe Rhön hinein. Laubwälder, Weideland. Schafe und Kühe finden hier genügend Futter. Doch ist das Gebirge arm an Äckern je höher wir kommen; der Rasenboden wird karger auf den baumlosen Hügeln der Kuppenrhön, über die rauh der Wind streicht. Ins Obere Sinntal nach Wildflecken. Die Katholische Pfarrkirche St.Joseph (1717) und die junge Evangelische Kreuzkirche (1958/59) weisen den Pilgern den Weg zum Franziskanerkloster auf dem Kreuzberg (928 m). Nach der Wasserkuppe (950 m) ist er der zweithöchste Gipfel der Rhön. Obgleich es schon zwei Uhr nachmittags ist, pilgern Leute in zahllosen Gruppen schier pausenlos zum 1681-92 anstelle einer Wallfahrtskapelle von 1598 entstandenen Klosters, wo sie auf einfache Art auf Holzbänken an langen Tischen, billig (nach Selbstbedienung) essen und Klosterbier aus der alten Brauerei (1731) trinken können. Nur Jahrmarktstrubel ist vergleichbar mit diesen schier bedrückenden Menschenansammlungen im Hof und in den Räumen und Gängen. Wir verspüren keinen Wunsch, hier einzukehren,

besichtigen aber kurz die Klosteranlage. Der Hl.Kilian soll 686 auf dem "Asenberg", dem "heiligen Berg Frankens", das Kreuz aufgerichtet haben. Seit rund vierzig Jahren ragen dort zwei Sendetürme des Bayerischen Rundfunks in den Zenit. - Nach Zerstörungen im Bauernkrieg (1525) ließ Fürstbischof Julius Echter von Dettelbach 1598 ein neues Kreuz aufstellen und eine Kapelle errichten. 1614 berief er Franziskanermönche vom Kloster Dettelbach zur Betreuung der Wallfahrt. 1692 wurden Kirche und Kloster eingeweiht. Das Treppenhaus des 1706 entstandenen Fürstenbaus soll ein Werk des berühmten Baumeisters Balthasar Neumanns sein. Nach der Säkularisierung (1803) und Verbot der Wallfahrten, erlaubte Ludwig I. König von Bayern, 1827 die Wiederbelebung des Klosters Kreuzberg. Von hier führt ein Kreuzweg mit 14 Stationen hinauf zur großen Kreuzigungsgruppe.

Über Bischofsheim im Brenatal gelangen wir zum Rhönhäuschen. In "Schneiders Rhönführer" von 1928 lesen wir: "Zierliche im Schweizerstile erbaute Wohnung eines Wegaufsehers, wo man Bier und Erfrischungen haben kann." Das alte Gebirgshaus verbirgt sich beim Münzkopf im Walde an der Straße nach Ehrenberg; holzverschindelte Wände und Giebel. Pelargonien glühen vor den Fenstern. Entzückend sind die Gaststuben, mit Kachelofen, Kamin, Geweihlampen, dazu rustikales Mobilar. Es gibt leckeren Zwetschgenkuchen mit Sahne zum Kaffee nach Großmutterart.

Durchs Ulstertal nach Hilders und schließlich in der Dämmerung nach Tann im Naturpark Hessische Rhön. Wir übernachten in der "Hasenmühle". Sie liegt außerhalb des Städtchens im nördlichen Grund zwischen Teich, Bach und Ulsterflüßchen, umgeben von alten Bäumen (Linden, Kastanien, Birken...). Eine Stiege führt hinauf zur Laube des holzverschindelten Gästehauses. Der Wirt empfängt uns freundlich, zeigt uns die Zimmer im Obergeschoß des über 200 Jahre alten Anwesens. -

Regen und Bachrauschen wecken uns am Morgen des "Tag der deutschen Einheit". Grauer Himmel, Dunst über den Wiesen. Dahinter Laubwald mit gilbenden Blättern. Im kleinen Gärtchen, von niedrigem Buchs als Windschutz umsäumt, wachsen winzige Kraut- und Salatköpfe, die eher Hasen als den Hasenmüller erfreuen. Äste der Linde werden vom Sturm heftig hin- und hergejagt. Blätter lösen sich, fallen durch Regenschwere rasch zu Boden.
Frühstück in der Gaststube. Der Mühlenwirt bedient uns: Kaffee, Brötchen mit Butter, Marmelade und Käse, selbstgebackener Kuchen. Nach dem Abschied ein Gang ums Gehöft. Ziegenböcke im Stall beäugen uns interessiert. Enten und Schwäne auf Bach und Teich, Hühner im Grasgarten. Hinter dem Gatter äsen Hirsch und Rehe. Die Hasenmühle, fürwahr ein vergnügliches Idyll.
Im Regen fahren wir nach Tann. Außer dem malerischen Stadttor von 1557 - Wahrzeichen des Städtchens - sind die drei Rittergüter der ehemaligen Freiherrn von der Tann sehenswert. Sie sind als blaues (1574), rotes (1588) und gelbes Schloß (1714) bekannt geworden. Tann

86: Burg Aschach in der bayerischen Rhön (1993)

87: Franziskanerkloster auf dem Kreuzberg in der hohen Rhön - Pilger auf dem Weg zur Klosterschenke (1993)

88 : Rhönhäuschen - Gebirgs-Gasthaus an der Straße zwischen Bischofsheim und Tann (1993)

89: Hasenmühle bei Tann in der hessischen Rhön (1993)

90: Meiningen in Thüringen; Stadt-Kirche am Markt (1993)

91: Bauerbach im Henneberger Land (Thüringen); Schillermuseum (1993)

92: Betonpiste der ehemaligen deutsch-deutschen Grenze, welche die Dörfer Hermannsfeld in Thüringen und Völkershausen in Franken brutal trennte (1993)

gilt als die älteste Siedlung im Ulstertal, wurde 1165 erstmals als Stammsitz des Geschlechts von und zu der Tann genannt, welches sich jedoch im 14.Jh. in drei Linien spaltete (drei Schlösser!). Beachtlich sind noch die neugotische Evangelische Pfarrkirche (1888/89) und die Evangelische Friedhofskirche (ursprünglich St.Nikolaus) von 1741. Den Markt umranden einige hübsche Häuser und das Rathaus. Der Vierröhrenbrunnen plätschert unermüdlich. Benachbart grüßt Ludwig Freiherr von der Tann-Rathsamhausen, einst bayerischer General. Bekannt wurde Tann in jüngerer Zeit durch sein "Rhöner Museumsdorf". In drei Hofreiten gewinnt der Besucher Eindrücke vom Leben der Bauern um 1900 in der Rhön.

Zwischen Dippach und Unterwaid gelangen wir von der hessischen in die thüringische Rhön. Ein deutlich sichtbarer Pfad erinnert noch an die deutsch-deutsche Grenze. Wie ein riesiges böses Reptil schlängelte er sich mitten durch unser Land und sorgte dafür, daß jegliche Verbindung zwischen den Menschen, die auf beiden Seiten seit Gründung ihrer Dörfer in guter Nachbarschaft miteinander lebten, zynisch unterbunden wurde.

Von Kaltenwestheimer Frauen erzählt die Sage, daß sie einst bei einer Fehde ihre Männer durch Ausgießen heißen Wassers aus den Händen der Feinde befreiten. Als Dank und zur Erinnerung an diese Tat wurde ihnen zu Ehren ein Findlingsblock aufgestellt. Zu den Orten der Rauhen Rhön gehören auch Kaltensundheim mit seiner Wehrkirche, Kaltennordheim mit dem ehemaligen Schloß Meerlin und Kaltenlengsfeld

mit seiner Barockkirche (1722). Über Ober- und Unterkatz gelangten wir allmählich an den Ostrand der Rhön und hinab ins Werratal. Hier dehnt sich zwischen Bergrücken mit ihren jetzt flammenden Herbstwäldern das freundliche und seit Jahrhunderten als Kunst- und Kulturstadt gerühmte Meiningen aus. Vor allem sein ehemaliges Hoftheater (heute Thüringisches Staatstheater) erlangte unter Georg II. Herzog von Sachsen-Meiningen höchste Anerkennung und galt als Kulturstätte von europäischem Rang, an der berühmte Musiker wie Max Reger und Hans von Bülow wirkten.
Meiningen befindet sich gegenwärtig - wie zahllose andere Städte Mitteldeutschlands, die der "realexistierende Sozialismus" in wenigen Jahren heruntergewirtschaftet hat - bildhaft "im Umbruch". Neben den von Arbeitern und Bewohnern verlassenen Fabriken und Wohnhäusern, die dem Verfall preisgegeben wurden, glänzen schöne, in neuen Farben wiederhergestellte Gebäude des Klassizismus und des Jugendstils sowie prächtige Fachwerkhäuser wie das Schlundhaus. Sie alle erfreuen, nachdem nun die kunstvolle Architektur wieder sichtbar geworden ist, das wohlwollende Auge, das durchaus die positive Entwicklung seit der "Wende" in den neuen Bundesländern erkennt. -
Ehe wir uns in Meiningen umsehen, speisen wir im "Henneberger Haus", das schon in den 20er Jahren des 20.Jhs. neben dem "Sächsischen Hof" zu den führenden Gasthäusern der Stadt gehörte. Der rustikale, mit reizenden Jugendstil-Lampen verzierte Saal verbreitet Behaglichkeit. Gaumenfreude spendet die erlesene

thüringische Küche: verschiedene Bratendelikatessen zu den geschätzten Klößen und Rhönbier mit Felsenwasser gebraut.
Am "Tag der deutschen Einheit" fand auf dem weiträumigen Markt beim Brunnendenkmal Kaiser Heinrich I. - er gilt als Stadtgründer - ein Volksfest statt. Der Platz wird beherrscht von der Stadtkirche mit ihren Türmen, die in schwindelnder Höhe durch eine Brücke verbunden sind. Ihr Schiff ist von einer hufeisenförmigen Empore geprägt. Der Blick zielt jedoch beim Eintritt gleich auf das dunkle Farbenleuchten der Glasmalereien in der Apsis. Die ursprünglich romanisch/gotische Kirche wurde Ende des 19.Jhs. durch Um- und Ausbau stark verändert. -
Nur im Vorüberfahren nahmen wir Schloß Elisabethenburg wahr, die Ende des 17.Jhs. in Form eines "E" erbaute Residenz der Sachsen-Meininger Herzöge, dann strebten wir fort vom Werra-Ufer, hinauf zu den Berghängen der Vorstadt mit ihren hübschen Villen in bester Grünlage.

Nördlich von Meiningen überragt Schloß Landsberg, eine Mitte des 19.Jhs. im historischen Stil erbaute, damals neumodisch-romantische Burg, der die mittelalterliche Geschichte fehlt und die mit ihren wohlerhaltenen Trutzmauern eine Zeit vortäuscht, in der noch die ehemalige Burg "Landwehre" stand. An sie erinnert leider nur noch ein zusammengestürzter Turm.
An der Sulze entlang nach Süden, wo am "Heiligen Berge" einst die Henneburg, Stammsitz der Henneberger Grafen, dem "Henneberger Land" den Namen gab. Vom Dörfchen Henneberg mit

seiner auffallend ungewöhnlichen Kirche - auf dem Turmstumpf hockt ein Fachwerkblock wie ein Haus - spurt ein Sträßlein ostwärts nach Bauerbach. Hier wohnte Friedrich Schiller nach seiner Flucht aus Württemberg, wo ihm Herzog Karl Eugen Festungshaft angedroht hatte, vom Dezember 1782 bis Juli 1783 als Dr.Ritter im Landgut seiner mütterlichen Freundin Henriette von Wolzogen. Der Dichter arbeitete hier eifrig an der Vollendung seines Trauerspiels "Luise Millerin" (später als "Kabale und Liebe" berühmt geworden) und begann seinen "Don Carlos", den er "in seinem Herzen in und um Bauerbach" trug. Das damals glattgetünchte Haus wurde im 20.Jh. in alter Fachwerkschönheit wieder hergestellt und erfreut seitdem den Ankömmling mit Weinranken am Giebel und blühenden Blumen in den Fensterkästen. Längst wurde das Haus ein Schillermuseum, in dem der Besucher neben dem Arbeits- und Wohnzimmer des Dichters auch noch Räume der Familie von Wolzogen besichtigen kann (größtenteils im Originalzustand erhalten).
Als Schiller am 7.Dezember 1782 in Bauerbach eintraf, gewährte ihm der Dorflehrer erste Unterkunft. Auch dieses Haus ist noch vorhanden. Ein Winterbild über Fenstern und Tür sowie ein Hinweis erinnern an die Ankunft. Und noch einige Schritte weiter finden wir gegenüber der kleinen seltsamen Kirche (1839-40) mit hohen Treppengiebeln, auch noch das Gasthaus "Zum braunen Roß", wo der Dichter, welcher gern am Dorfleben teilnahm, einkehrte. Die Wände zieren Verse. Das Haus wurde in den 90er Jahren des 20.Jhs. restauriert.

Zwischen Hermannsfeld und Völkershausen überqueren wir noch einmal die ehemalige Grenze. Ein Fahrweg mit Schlaglöchern durchsetzt geleitete uns hinüber in die Bayerische Rhön. Von einer Anhöhe schaut noch immer ein Wachtturm der NVA wie ein Fossil aus einer glücklicherweise vergangenen Epoche zu uns herunter. Doch seine Wächter hat der Sturm der friedlichen Revolution vertrieben...

Zwischen Werra und Haßbergen

Die Teilung gehört endgültig der Vergangenheit an

Welliges freundliches Hügelland: Felder mit Obstbäumen, Wiesen, auf denen zur Osterzeit Himmelschlüssel blühen und Äcker mit Weißdornhecken; an manchem Wegsaum ein Kruzifix. Und immer wieder Wälder, durch die sich schmale Straßen schlängeln, stille Dörfer und Landstädtchen miteinander verbindend. Fachwerkhäuser in den Gassen, einfach das Gebälk oder kunstvoll gezimmert, vor allem wenn die Bauten den Markt bilden. Kirchen, Schlösser und Rathäuser, deren Türme welsche Hauben oder Spitzkappen tragen und gleichfalls, wie viele Dächer, mit Schiefer, seltener mit roten Schindeln verkleidet sind.
Von den Bergen, die meist die drei- oder vierhundert Metergrenze übersteigen, überragt sie nur der Große Gleichberg bei Römhild fürst-

lich mit 679 Metern. Wahrzeichen und Wächter dieser geschichtsträchtigen Landschaft zwischen dem Höhenzug Haßberge und dem jungen Werratal bei Hildburghausen sind weithin sichtbare Kuppen, die seit Jahrhunderten Adelssitze tragen, deren Herren das Schicksal der Bauern und Bürger in den Orten ringsum maßgeblich mitprägten: die Bettenburg bei Hofheim in Unterfranken, noch heute im Besitz der Truchsesse von Wetzhausen, Feste Heldburg, als "Fränkische Leuchte" bekannt, und Burg Strauf bei Rodach - seit ihrer Zerstörung im Bauernkrieg "Straufhain" genannt (beide im südlichen Thüringen), sowie Schloß Geiersberg, oberhalb des noch heute mittelalterlichen Städtchens Seßlach, das durch Friedrich Rückerts Sage vom "Irrglöcklein" an das jahrhundertalte Geschlecht der Lichtensteiner erinnert.

Wohl kein Fremder, dem wir aus der Vogelschau diese schöne, abseits großer Verkehrsadern gelegene Landschaft zeigten, würde vermuten, daß sie rund vier Jahrzehnte lang willkürlich von machtbesessenen Ideologen zerteilt wurde, es sei denn: er könnte jene gepflügten Erdstreifen und Sperrzäune wahrnehmen, die bis vor wenigen Monaten, elektrisch geladen, noch eine der grausamsten Grenzen in der Welt andeutete und Menschen eines Volkes gewaltsam von einander trennten.

Nun aber gehört diese Teilung endgültig der Vergangenheit an. Öffnungen wurden in die Sperrzäune geschnitten; Wege, welche hier mitten in einheitlicher Landschaft endeten, verbinden wieder fränkische und thüringische Orte; glückliche Menschen dürfen sich wieder

besuchen. "Nun wächst zusammen, was zusammen gehört", wie es der ehemalige Bundeskanzler Willy Brandt trefflich ausdrückte.
Beglückt über diese Wende des deutschen Geschickes, nahmen auch wir zur Osterzeit die Möglichkeit wahr, wieder mitten in Deutschland zu reisen und zu wandeln. Von Königsberg in Franken - einem Idyll schönster deutscher Fachwerkkunst - dessen Marktbrunnen mit farbenfrohen Ostereiergirlanden geschmückt war, wo mächtige Kastanien schon ihre Kerzen aufgesteckt hatten, um bald für St.Marien den hohen Frühling einzuleuchten, eroberten wir uns nicht nur die Heimat Friedrich Rückerts und des bedeutenden Mathematikers Regiomontanus' im Naturpark Haßberge, sondern auch das Heldburger Land, jenes tierkopfartige Gebiet, mit dem Thüringen südlich der Milz und Werra weit ins Frankenland hinein vorstößt, bis hinunter nach Käßlitz und Ummerstadt, wo sich die Flüßchen Helling und Kreck mit der Rodach vereinigen.
Freundliche und saubere Dörfer und Kleinstädtchen finden wir hier überall. Freilich, die Straßen im Thüringischen sind holperiger, es gibt öfters Pfützenlöcher und manches Gebäude müßte dringender restauriert werden als im benachbarten Haßgau. Aber die Gärtchen sind im thüringischen Süden wie im fränkischen Norden gleichermaßen liebevoll gepflegt. Narzissen und Tulpen läuteten das Osterfest ein; Forsythien bildeten lichtgelbe Tupfer im regnerischen Grau des Himmels.
Niemand sollte meinen: nur jenseits der noch gültigen Grenze seien Bauten renovierungsbe-

dürftig. Auch im Lande, in dem die Menschen dank einer gütigen Fügung schon seit Kriegsende ihre Freiheit wiedergewannen, finden wir manches denkmalgeschützte Bauwerk, das aus einem Dornröschenschlaf des Verfalls befreit werden müßte, wie das prächtige Wasserschloß in Burgpreppach, das seit dem 14.Jh. den Freiherren Fuchs von Bimbach gehört, auf dem Sattel der Haßberge. In Wetzhausen vorm Grabfeld, in Leuzendorf oder Gereuth hinterm Baunachtal, steht es um das Ansehen der Schlösser nicht besser. Finanzielle Hilfe wäre da notwendig.
Dafür erfreuen das Auge des Betrachters aber die Schlösser Craheim und Eichelsdorf, Schloß Bundorf, der Stammsitz der Truchsesse von Wetzhausen, oder das bildschöne Schloß Eyrichshof der Freiherren von Rotenhan in wahrhaft adligem Glanz.
Reich ist das nördliche Franken an sehenswerten Kirchen verschiedener Stilepochen, wobei das Eigentum der Gotteshäuser dort zwischen Katholiken und Protestanten oft von Ort zu Ort wechselt. Finden wir in Birkach das entzückende frühgotische Simultankirchlein St.Philipp und Jakob, so wurde zum Beispiel die Pfarrkirche Maria Geburt in Gemeinfeld Mitte des 18. Jhs. durch Balthasar Neumann erneuert, erhielt die evangelische Kirche in Ueschersdorf zu ihrem Turm des Jahres 1603 ein Langhaus im neuklassizistisch-neuromanischen Stil und die evangelische Pfarrkirche in Ditterswind wurde gar erst um 1900 umgebaut. Nennen wir aus der Vielfalt der herrlichen Kirchen noch jene in Maroldsweisach, die eine typische Emporenanlage beherbergt und durch einen mit

der Orgel verbundenen Kanzelaltar eine besonders seltene Variante der Baukunstmöglichkeit aufweist.
Von Maroldsweisach führt die Straße über Allertshausen durch Fichten-Kiefernwald zum Grenzübergang nach Hellingen im Südwestzipfel Thüringens. Ein Schild "Wir grüßen unsere Nachbarn" bei den containerartigen Zollbaracken heißt die Einreisenden aus der Bundesrepublik Deutschland willkommen. Auch die Grenzbeamten auf beiden Seiten sind höflich, ja freundlich.

In einem Marmorstein am Straßenrand wurde folgender denkwürdige Satz eingemeißelt: "1949 teilte man unser Land - am 2.12.1989 reichten wir uns hier wieder die Hand." Nachdem wir zwischen den Doppelzaunzeilen hindurchgefahren sind, umgeben uns thüringische Äcker und Felder. Bald ist das erste Dorf erreicht:Hellingen an der Helling.
Die schlichte anheimelnde Barockkirche mit Befestigungsmauer und Torhaus auf dem Hügel läßt an den doppelbögigen Turmfenstern die Zeit der Romanik ablesen. Im vorbildlich restaurierten Weiheraum wurde am 18.Februar 1990 ein "Festgottesdienst anläßlich der Grenzeröffnung" gefeiert, an dem neben dem Gemeindechor Hellingen auch der Posaunenchor Ditterswind und die Kantorei Maroldsweisach aus Franken mitwirkten. "Nun danket alle Gott" - "Herr, auf dich traue ich..." und "Großer Gott, wir loben dich", lauteten einige der Dankgesänge. Der einsame Besucher verneigt sich im Kirchenschiff stumm und gerührt vor den Mitgliedern dieser Gemeinde.
Feste Heldburg grüßt vom Berge das gleichnamige

Städtchen. Es besaß schon 1396 eine Ratsverfassung und niedere Gerichtsbarkeit, wurde jedoch in den folgenden Jahrhunderten wechselnd als "Flecken" oder "Städtchen" bezeichnet. Von der Befestigung des 16.Jhs. sind neben dem aus Quadern gefügten Untertor noch Mauern erhalten. Die gotische Hallenkirche St.Marien wurde Anfang des 16.Jhs. neu erbaut. Neben ihr gruppieren sich hübsche Fachwerkhäuser mit gewalmten Dächern beim Röhrenbrunnen am Markt. Mit ihnen können aber andere Gebäude in der kleinen Stadt durchaus wetteifern, ja, einige, wie die Apotheke beim Tor oder die Forstverwaltung nahe des ehemaligen Bahnhofes übertreffen sie sogar an Schönheit.
Da die Feste mit ihrem wie ein trutzig behelmter Ritter aussehenden Bergfried weithin im Umkreis sichtbar ist, erhielt sie im 14.Jh. den trefflichen Namen "Fränkische Leuchte". Die bedeutendsten Trakte ließ Herzog Joh.Friedrich der Mittlere im 16.Jh. vom Baumeister Nicolaus Gromann als Residenz herrichten. Und gerade jene Renaissancefassaden mit prachtvollen Erkern wurden in jüngster Zeit durch ungenügende Vorsorge ein Raub der Flammen. Ein ehemaliger Burghelfer erzählte, daß er bestraft wurde, weil er nach einem Schwelbrand in jenem Renaissance-Flügel vor einer größeren Brandkatastrophe warnte, nur aus dem Grunde: im sozialistischen Staat sei alles in Ordnung.
 Der mühsame Wiederaufbau mit Hilfe einer westdeutschen Firma schreitet nur langsam voran.
Die Schloßkirche entstand 1667 unter Herzog Ernst des Frommen. Nachdem die Heldburg im

103: Leuzendorf im Haßgau (Franken);
    St. Michael am See (1990)

104: Ditterswind im Haßgau (Franken); Schloß (1990)

105: Nach Öffnung der deutsch-deutschen Grenze - ehemalige Kontrollstation auf der Straße zwischen Allertshausen/Franken und Hellingen/Thüringen (1990)

106: Feste Heldburg (Thüringen), auch "Fränkische Leuchte" genannt (1990)

107: Ummerstadt im Heldburger Winkel (Südthüringen); Rathaus mit Barockbrunnen auf dem Markt (1990)

108: Bad Colberg an der Rodach (Südthüringen) war Erholungsstätte für Stasi-Mitarbeiter – nun wieder beliebter Kurort (1990)

18.Jh. verfiel, ließ sie Ende des 19.Jhs. Georg II. Herzog von Sachsen-Meiningen erneuern. Er lebte dort zeitweilig mit seiner Gattin Freifrau von Heldberg, welche als Hofschauspielerin Ellen Franz bekannt geworden war. Nach dem Zweiten Weltkrieg wurde die Heldburg durch Besatzungssoldaten teilweise verwüstet und zerstört; sie erfreut sich aber gegenwärtig zahlreicher Besucher aus beiden Teilen Deutschlands.
Von aktueller Bedeutung wurde jetzt erneut die Inschrift des Ehrensteins am Fuße des Schloßberges für die im deutsch-französischen Krieg gefallenen Bürger Heldburgs:"Deutschlands Einigung und Größe halfen erkämpfen: Michael Fleck - Hans Hoffmann - Ed.Schumann."
Vom Krecktal gelangen wir rasch hinüber ins Tal der Rodach, die hier nur für wenige Kilometer Thüringen durchfließt. An ihren Ufern haben sich Ummerstadt und Bad Colberg angesiedelt. Ein Zwergstädtchen wie aus der Spielzeugkiste aufgestellt ist das vom Charakter fränkische Ummerstadt, welches schon 1317 als "stat" bezeichnet wurde. Reich mit kunstvollen Fachwerkbauten ausgestattet ist der malerische Markt mit schönem Rathaus und Barockbrunnen. Der einstige Bürgergarten auf dem oberen Teil des Platzes wurde in eine Grünanlage umgewandelt. Bergwärts im Friedhof thront die gedrungene, aber massige romanische Andreaskirche. Nach der Reformation wurden jedoch die Pfarrrechte von ihr auf die Katharinenkapelle übertragen, welche aber nach einigen Umbauten 1748 der Heiligen Dreifaltigkeit geweiht wurde.
    Ummerstadt war jahrhundertelang berühmt

durch seine Bauernkeramik. Wurden noch Mitte des 19.Jhs. von 16 Töpfereien jährlich 1380 Zentner Töpferwaren ausgeführt, besteht heute leider nur noch ein einziger jener Handwerksbetriebe.
Bad Colberg, ein reizender kleiner Kurort, entstand dank der in Gipsmergeln entspringenden warmen Heilquellen, welche Bitter-, Glauber- und Kochsalz enthalten. Allerdings war dieses Gebirgsdorf mit seinen Fachwerk-Schieferbauten in den letzten Jahrzehnten zur Erholungsstätte von Stasi-Mitarbeitern bestimmt worden, denn durch seine unmittelbare Grenzlage blieb es den übrigen Bürgern verwehrt, hier Ruhe und Genesung zu finden. Am Tor des im Barockstil errichteten Sanatoriums lasen wir: "für das Ministerium des Inneren"!
Bad Colberg war zur Osterzeit 1990 ein besonders beliebtes Ausflugsziel, nicht nur für Besucher aus Westdeutschland, sondern ebenso für jene aus der DDR, da sie sich endlich in jenem Grenzgürtel frei bewegen durften. Neugierig besichtigten sie die gepflegten Kuranlagen - dabei vermutlich an die verfallenden Häuser und die schlechte Luft, die sich durch Heizen mit Braunkohle in ihren Heimatorten bildete, denkend. Auch der Spott blieb nicht aus: ob die Stasi-Leute hier wohl ihr leidendes Herz kuriert hätten?
Wildfremde Menschen aus West-und Mitteldeutschland sprechen miteinander, denn sie bewegen gleiche Empfindungen und Gedanken. Wer hätte es vor einigen Monaten für möglich gehalten, daß an der Schwelle zum letzten Jahrzehnt unsres Jahrhunderts beide Teile Deutschlands

wieder von allen Deutschen betreten werden können, daß die furchtbare Grenze plötzlich offen sein würde? Zornig und verbittert betrachten die Spaziergänger auf den Wegen beiderseits des ehemals elektrisch geladenen Zaunes die gepflügten, einst mit Minen verseuchten Todesstreifen. Die noch immer bedrohlich aufragenden Wachttürme stehen nun gottlob verlassen im gestrigen Niemandsland. Spähten dort oben wirklich noch im vergangenen Jahr Soldaten der NVA nach jedem Wesen, das sich im Gelände bewegte? Es ist wie das Erwachen aus einem bösen Traum. Doch der junge Frühling und die Auferstehung des Herrn lassen im Herzen neue Hoffnung keimen.

Gestern Grenzland – heute Brücke mitten in Deutschland

Nördliches Franken – Südliches Thüringen

Als ich aus dem Wald trete, belebt die Sonne noch mild das Land. Im Grund beim Steinbruch, wo die östlichsten Häuser Ottendorfs stehen, grasen Kühe auf der Weide. Mais- und Rübenfelder, blühende Sommerwiesen, Baumgruppen; dahinter Bergwälder bis in den leicht bewölkten blaßblauen Himmel. Vögel singen Lieder, bevor sie zum Schlaf ins Nest schlüpfen. Es tropft aus regennassen Zweigen. Sonst ist es still, wohltuender Abendfrieden. Die Naur bereitet sich auf einen neuen Wochenreigen vor, auf

den Sonntag, der uns daran erinnert, daß Gott am ersten Tag das Licht erschuf...
Doch die Idylle täuschte. Jene Naturlandschaft war damals - als ich Anfang der 80er Jahre als Grenzgänger wider Willen am Saume des Thüringer Waldes wanderte - durch eine unselige Grenze mitten in Deutschland geteilt. Wie ein Reptil spurte die Zaunzeile durch Fluren den Berg hinan. Dahinter, gut sichtbar, ein geharkter Sandstreifen. Was dann noch an gräßlichen Hindernissen folgte, verbarg schamhaft der Wald...
Solche grassen Gegensätze erlebte der Wanderer im nördlichsten Zipfel Bayerns fast täglich, denn jenes schöne Waldgebirge - "Frankenwald" genannt -, das eigentlich geologisch und landschaftlich ein Teil des "Thüringer Waldes" ist, wurde dreiseitig von der damaligen DDR umrundet und war nur im Süden gen Franken geöffnet. Gleich am ersten Tag meiner Ferien in Ludwigsstadt, stand ich an einem Grenzpfahl und schaute hinein ins Thüringer Land, das mir aus meiner Kindheit vertraut ist.
Rund ein Dutzend Jahre später steige ich zur Osterzeit mit meiner Frau und Verwandten aus Brandenburg von Lauenstein über dem Loquitztal bergan zur "Mantelburg", die uns mit ihren zinnengekrönten Mauern und Türmen beeindruckt. Schon 915 soll sie als Bollwerk gegen Sorben und Wenden errichtet worden sein, anderen Quellen zufolge sind jedoch die Grafen von Orlamünde im 12.Jh. die Erbauer. Durch den malerischen Torbau (um 1600) gelangen wir in den Hof, wo ein Teich die auf Felsen thronende Burg Lauenstein teilweise umrundet.

Ein Treppenturm verbindet rechtwinklig den älteren Orlamündeflügel mit dem in der Renaissance entstandenen Thünatrakt.
Wie an jenem Sommertage 1982 stellt sich die abgeschiedene mitteldeutsche Landschaft nach wie vor dar, da sie sich selbst in größeren Zeiträumen kaum merklich verändert, sondern nur im Rhythmus des Jahres ihr Bildnis in ständig wiederkehrender Folge wechselt. So verströmte damals die Heumahd süßen Sonnenduft, herbwürzigen Geruch die Wilde Möhre. Stellenweise hatten Lupinen ihre Fackeln entzündet. Auf der Bergebene gediehen Kartoffeln und Korn. Bald sah ich nur noch Waldkuppen und Wiesen ringsum. Lerchen jubilierten. Doch plötzlich holte mich die Realität der achtziger Jahre - die Teilung des Landes - wieder ein. Der dunkle Wald vor mir breitete sich jenseits der deutsch-deutschen Grenze aus: der Forst Lehesten in Thüringen. Vom Parkplatz "Thüringer Warte" sind es nur wenige Schritte zum Aussichtsturm auf dem Ratzenberg (678m). Fichten mit lichtgrünen Maitrieben, Birken und Heidelbeerkraut säumen den Weg. Ein merkwürdiges Gefühl beschlich mich, als ich damals dort ging, denn fast jeder Pfad rechts durch den Wald führte nach wenigen Metern "hinüber" und endete dennoch an den Grenzpfählen. Doch dies gehört glücklicherweise der Vergangenheit an. In schmucken Dörfern und Städtchen Thüringens kehren wieder reiselustige Feriengäste ein: Sommerfrischler und Wintersportler, Wanderer und Freunde der Kunstdenkmäler, denn "das grüne Herz Deutschlands" schlägt heilend in eine hoffnungsvollere Zukunft...

Der lohnende Fernblick von der 1963 erbauten Thüringer Warte bleibt uns diesmal verwehrt, da sie gegenwärtig wegen baulichen Erneuerungen nicht betreten werden darf. Damals wirkte die Rundsicht teilweise gespenstisch, denn ich schaute nicht nur weit hinein nach Thüringen, in eine Wald- und Wiesenlandschaft, die völlig der hiesigen in Nordfranken gleicht, sondern erkannte auch deutlich neben einem Kontrollturm der DDR-Grenzwächter den elektrisch geladenen Metallzaun, dahinter den gepflügten "Sicherheitsstreifen", welcher jeden Fußtritt eines Flüchtlings verriet. Landeinwärts, jene harmlos anmutende "Waldschneise" war in Wirklichkeit ein Todesfeld, in dem versteckte Minen heimtückisch auf Opfer lauerten. Ich meine, es ist wichtig, daß sich die Deutschen in den alten und neuen Bundesländern immer wieder an jene jahrzehntelange Teilung unseres Landes erinnern, um zu erfassen, welches wundervolle Geschenk ihnen durch die Wiedervereinigung der Teilstaaten zuteil wurde und daß dagegen alle Schwierigkeiten und Enttäuschungen, die viele Menschen gegenwärtig noch erfahren und erdulden müssen, gering bewertet werden müssen, denn früher oder später wird es tatsächlich ein blühendes Deutschland geben, in dem sich alle Deutschen als ein Volk empfinden...
Steil führt die Landstraße von Steinbach an der Haide, dem "goldenen Dorf" - zweifacher Bundessieger im Wettbewerb "Unser Dorf soll schöner werden" - mit seiner evangelisch-lutherischen Pfarrkirche St.Elisabeth, gen Westen hinab nach Falkenstein. Schieferbedeckte Häuser

begleiten das graue Band aus dem Ort hinaus, bis Obstbäume sie ablösen. Jenseits des Steinbaches, am Waldrand, begann damals die DDR. Von der Freihöhe grüßt die thüringische Sommerfrische Lichtentanne. Deutlich erkennbar Häuser und Bäume. An jenem trüben regnerischen Tag empfand ich die Grenzlandschaft noch bedrückender und melancholischer. Es war mir schier unbegreiflich, daß jener Ort, der in etwa einer halben Stunde zu Fuß zu erreichen wäre, nicht aufgesucht werden durfte - mitten in Deutschland! Immer unfaßbarer erschien mir dieser Zustand, je mehr ich mich dem Steinbach näherte. Bald erspähte ich den Sperrzaun, davor die Markierungsstäbe der Bayern. keine 500 Meter entfernt, jener Bergwald bei Falkenstein, er durfte nicht durchschritten werden, obgleich ich jeden einzelnen Baumstamm mit bloßem Auge sehen konnte. Immer weiter windet sich die Straße talwärts, immer näher rückte sie der Grenze. Und doch stehen Gehöfte im Steinbachsgrund. Dort lebten Menschen tagaus, tagein im Anblick dieser irrwitzigen Sperrzone. Ginster versuchte mit leuchtengelben Schmetterlingsblüten den Schandzaun zu verdecken. Natur kennt zum Glück keine Grenze. Der Mensch kann ihr zwar Gewalt antun, aber er wird sie **nie** bezwingen. Eher stirbt die Menschheit aus, als die Natur...
Der kleine See, den der Steinbach speist und durchfließt, trennt nicht mehr Franken von Thüringen. Pestwurz und Wasserlilien sind hier heimisch. Am ehemaligen Grenzübergang Falkenstein - Probstzella sind bis auf einige Betonpfeiler, zwischen denen einst der Grenz-

zaun gespannt war, alle Befestigungsanlagen verschwunden, gleichfalls die schwarz-rot-goldenen Grenzpfosten der einstigen DDR und die weißblauen bayerischen Grenzpfähle. Züge und Autos verkehren wieder ungehindert zwischen Süd- und Mitteldeutschland. Damals endete die Bundesstraße 85 dicht neben dem Weiler Falkenstein am Schlagbaum. Als ich damals darauf zuging, sah ich plötzlich zwei DDR-Soldaten sich diensteifrig bewegen. Sie erinnerten mich an dressierte Schäferhunde, die unruhig im Zwinger hin-und herlaufen und ihre Wachaufgaben 100%ig wahrnehmen. Ein Soldat fixierte mich aufmerksam durch sein Fernglas; mir wurde es unbehaglich...
Auch dies ist alles Vergangenheit. Doch auch vier Jahre nach der Grenzöffnung wirkt die Siedlung Falkenstein in Franken noch immer trostlos. Zwar hat in jüngerer Zeit eine Gaststätte ihre Pforten geöffnet, wie Getränke- und Speisenkarten neben der Haustür verraten, doch ist kein Mensch anwesend. Wie lang wird es noch währen, bis in den Gebäuden eines früheren Eisenwerkes (bis in die 70er Jahre des 19.Jhs.) wieder ein so beliebtes und architektonisch gut gestaltetes Landhotel seine Gäste aus nah und fern wie einst in bester Weise zufrieden stellen kann? Die Wirtschaftsgebäude dahinter bieten einen noch schlimmeren Anblick als 1982. Ein Haus fällt bald in sich zusammen, in einem anderen wurden die Fenster eingeschlagen. Früher gehörte zum Hotel Falkenstein eine eigene Brauerei und Metzgerei. Falkensteiner Bier wurde - durch sein Quellwasser - als köstliches Getränk gerühmt und weit-

117: Rinder grasen bei Ottendorf im nördlichen Franken - dahinter die grausame Grenze zu Thüringen (1982)

118: Bayerische Landesgrenze zur Zeit der Teilung Deutschlands - vor dem Wald der äußere Zaun der DDR-Grenzbefestigung (bei Lauenstein 1982)

119: Mantelburg Lauenstein über dem Loquitztal bei Ludwigsstadt im nördlichen Frankenzipfel (1994)

120: Ehemalige Grenze zwischen der BR Deutschland und der DDR bei Falkenstein (Franken), Richtung Probstzella in Thüringen (1982)

121: Der Weiler Falkenstein an der Grenze zwischen Franken bei Ludwigsstadt und Thüringen bei Probstzella (1994)

122: Lehester Schieferbruch in Thüringen (1994)

123: Gräfenthal (Südthüringen); Schloß Wespenstein (1994)

hin, bis nach Leipzig, transportiert. Der Niedergang der Siedlung Falkenstein ist auch eine Folge der Teilung Deutschlands nach dem Kriege, denn vor allem fehlte der Brauerei in den folgenden Jahrzehnten ihre wichtigste Kundschaft im mitteldeutschen Hinterland.

Im Frühling des Jahres 1994 ist es uns nun vergönnt, Orte, die ich vor zwölf Jahren unmittelbar hinter der Grenzbefestigung wahrnahm, ungehindert aufzusuchen. Zwar ruht bei Falkenstein noch immer eine fast unheimliche Stille über der Gebirgslandschaft mit ihren steilen Felsen und waldigen Höhen, aber die Straße nach Thüringen ist frei passierbar. Schon nach wenigen Minuten erreichen wir das Städtchen Probstzella und schreiten zur Kirche am Berg. Eine freundliche Frau kommt und schließt die Pforte auf. Wir treten in den einfachen Barockraum mit seiner zweistufigen Hufeisenempore und dem Kanzelaltar. Der alte massive Turm mit seiner gewaltigen welschen Schieferhaube, wie sie in dieser Gegend öfters anzutreffen sind, stammt noch aus der Romanik, wie wir deutlich an den Fensterluken erkennen können. Pläne und Bilder erinnern an interessante Ausgrabungen, die anläßlich der 200-Jahrfeier des barocken Gotteshauses durchgeführt und wobei ältere Bauteile früherer Jahrhunderte freigelegt wurden. In einem kleinen Gasthof speisen wir auf thüringische Art gut, reichlich und preiswert; dazu schenkt der Wirt Greizer Bier aus.
Über Lichtenhain in Thüringen, ein Dörfchen dem Himmel nah, aber durch jahrzehntelange

Absperrung im "toten Winkel" gelegen, mit Kirchlein und kleinem Gasthaus, welches nur montags bis donnerstags geöffnet hat, gelangen wir diesmal auch nach Gräfenthal. Hatte ich vor Jahren ein paar Häuser von Lichtenhain auf einer Wanderung von Tettau durchs Taugwitztal nach Ebersdorf auf dem Freiplateau der Höhkuppe (717m) wahrgenommen, blieb mir das dahinter im Grund lagernde Gräfenthal verborgen. Wie der Name des Städtchens erzählt, erhebt sich hier über den an mehreren Berghängen gestaffelten Häusern auch eine Burg, der Wespenstein. Ursprünglich Sitz der Reichsgrafen von Pappenheim, diente das Schloß später als Amtsgericht. Gegenwärtig befindet es sich in einem arg verwahrlosten Zustand. Nur einige Räume sind derzeit bewohnt; ein Restaurant "Zum Pappenheimer" hat sich einquartiert. Doch die Haupttrakte und der hohe Treppenturm drohen zu verfallen. Lohnend ist der Blick auf zahllose Schieferdächer der häufig überraschend stattlichen, teilweise hübsch verzierten Häuser. Bemerkenswert: das hochaufragende Rathaus am Markt, ein an italienische Kunst erinnernder Bau des Neuklassizismus. Dahinter ein ungewöhnlich hoher Fachwerkbau bei der Stadtkirche St.Marien (1724 barock erneuert), in der wir am Karfreitag die von Max Reger überarbeitete Kantate "O Haupt voll Blut und Wunden" von Hans Leo Haßler andächtig aufnahmen.
Im Osten des weit ins Thüringer Land hineingreifenden Frankenzipfels erfreut der weite Ausblick von der Lauenhainer Höhe hinüber nach Lehesten und in die berühmten Lehester

Schieferbrüche. Als ich erstmals dort oben verweilte, dachte ich: wie mag es jenen Menschen dort drüben zumute sein, wenn sie zu uns herüberschauen? Wie friedlich ruht die Landschaft in der Sonne. Damals, da die Grenze an jener Stelle nicht sichtbar war und die Landschaft ringsum ihre natürliche Einheit darbot und zu Ostern 1994, als wir von Lauenhain mühelos von Franken nach Thüringen überwechseln können. An die ehemalige Grenzsperre erinnert nur noch ein Wachtturm, Zeuge einer alptraumhaften Vergangenheit...
Zwischen Halden aus nicht verwertbaren Schieferplatten fahren wir in das Bergwerksgelände der Lehester Schieferbrüche hinein. Einige "Schiefertafeln" nehmen wir uns als Andenken mit. Lehester Schiefer wird wegen seiner Güte und Schönheit gerühmt und gilt als bester Schieferstein des europäischen Festlandes. Der Würzburger Dom und die Kaiserburg in Wien wurden mit diesen "silbergrauen Edelsteinen" gedeckt. "Vor Ort" gelangen wir leider nicht, denn die eigentlichen Schiefersteinbrüche bleiben uns verborgen. Dafür bewundern wir in Lehesten mehrere mit Schiefern kunstvoll ausgestattete Häuser und die 1683 entstandene Schieferkirche am Berg. Breit, wie "eine feste Burg", präsentiert sie sich. Selbst Treppen und Mauern sind aus dicken Schieferplatten gefügt.

Am Ostersamstag streben wir von Steinbach am Wald, unserem Ferienort, zur Ziegelhütte und erkunden nun auch jenes Teilstück des Rennsteigs, welches jahrzehntelang die deutsch-

deutsche Grenze bildete. Auf stillem Waldweg, meist zwischen Fichten und Buchen, wandern wir in südöstlicher Richtung und erreichen beim "Dreiherrenstein" die nun wieder "normale" historische Grenze ehemaliger weltlicher und kirchlicher Länder. Die zum Teil Jahrhunderte alten Grenzsteine tragen meist kunstvoll eingemeißelte Wappen der sächsischen Herzöge, der Markgrafen von Bayreuth, der Fürsten zu Reuß u.a. Wertvollster Wappenstein ist der "Kurfürstenstein" mit folgender Inschrift: "vo gotts gnade Georg 1515 bischofe zv bamberg / von gotts gnade Friedrich churfürst vn has gbruder herzoge zv sachsen 1515". (Georg Erbschenk von Limburg, Bischof zu Bamberg; Friedrich der Weise und Johann der Beständige Kurfürst zu Sachsen.)

Der Rennsteig, wegen seiner prächtigen Grenzsteine hier "Schönwappenweg" genannt, schlängelt sich - nun wirklich "Steig" - schmal, federnd, zwischen Heide und Blaubeerkraut dahin. Benachbart noch immer die kilometerlange Betonbahn der ehmaligen DDR-Grenzbefestigung: dicke Platten mit länglichen Lochstreifen (vermutlich zum Ablaufen des Wassers) aneinandergereiht, auf denen einst Soldaten der NVA ihre Kontrollfahrten unternahmen. Daneben aufgewühltes Ödland, wo sich noch vor wenigen Jahren Befestigungs-und Tötungsanlagen befanden. Ein umgebogener schwarz-rot-goldner Grenzpfosten der DDR und ein weißblauer Markierungspfad des Freistaates Bayern, sind noch letzte Zeugen der deutschen Teilung.

Beim Kurfürstenstein überquert der Rennsteig den ehemaligen Grenzstreifen, führt am Wetz-

stein (792m), dessen Aussichtsturm in den letzten Jahren vor der "Wende" abgebrochen wurde, vorüber und strebt dem Thüringer Feriendorf Brennersgrün zu. Jahrzehntelang gehörte es zu jenen Orten, welche im Sperrgebiet liegend, selbst von DDR-Bürgern, die nicht dort wohnten, nicht betreten werden durften...
Wieder blühen die Frühlingsblumen, grünen die Sträucher in den Gärten vor den Schieferhäusern, wie in jedem Jahr, doch scheinen sie mir in dieser Osterzeit noch stärker neue Hoffnung und Zuversicht auszustrahlen, und das erst vor kurzem neu eröffnete Wirtshaus "Zum grünen Wald" erwartet seine Gäste...

Auf dem Rennsteig

Wandern grenzenlos von Steinbach am Wald nach Spechtsbrunn in Thüringen

Wie bedeutsam Entscheidungen von einzelnen Persönlichkeiten oder Volksgruppen für Schicksale von Landschaften und somit ihrer Bewohner für die Zukunft sein können, wird dem Wanderer bewußt, wenn er über die Höhen der sich mitten in Deutschland berührenden Gebirge Thüringer Wald und Frankenwald schreitet, denn nur aus früheren geschichtsbedingten Veränderungen konnte es geschehen, daß die Menschen etwa im Tettauer Winkel oder im Loquitztal bei Ludwigsstadt und Lauenstein nach dem Zweiten Weltkrieg zu Franken und somit zur Bundesrepublik Deutschland gehörten und nicht zur thüringischen DDR. Aus gleichem Grund verblieb eine Strecke von etwa 11,5 km des Rennsteigs - jenes 168,3 km langen Bergpfades über den Kamm des Thüringer Waldes - nämlich von der Schildwiese bei Klein-Tettau bis zum Kurfürstenstein östlich Haßlachs im Freistaat Bayern. Hinzu kamen noch winzige Reststückchen bei der "Kalten Küche" und zwischen Brennersgrün und Grumbach. Jener Teil des Gebirgsweges vermochte in den fünfziger bis achtziger Jahren des 20.Jhs. dem Wanderer für etwa drei Stunden das Erlebnis zu gewähren: wenigstens einmal auf dem von beglückender Schönheit geprägten Rennsteig geschritten zu sein. Freilich wuchs damals bei vielen Naturfreunden das Verlangen, später einmal auf dem gesamten Rennsteig von Hörschel an der Werra bis Blankenstein an der Saale gehen zu können. Nach der Wiedervereinigung beider deutscher Teilstaaten hat sich dieser Wunsch inzwischen für viele Menschen erfüllt.

Der Rennsteig, auch "Rennstieg" genannt, ist schon seit Jahrhunderten ein Grenzweg und bildete Gau-, Rechts-, Sprach-, Jagd- und Kirchengrenzen zwischen Thüringen und Franken. Vor allem die Kirchengrenze ist heute noch wahrnehmbar, denn die Bewohner nördlich des Rennsteigs neigen überwiegend zum thüringischen Protestantismus, während die Einwohner der Orte im Süden maßgeblich dem fränkischen Katholizismus verbunden blieben. Deutlich unterscheidet sich auch noch immer im bayerischen Nordzipfel zwischen Lauenstein und Teuschnitz die Sprache. Hören wir nördlich des Gebirgskamms überwiegend thüringische Dialekte, klingt dort, wo die Wasser dem Main zufließen, die Mundart fränkisch. Erst im 17.Jh. wurde der Rennsteig in seiner gesamten Länge bekannt, nachdem schon 1330 ein Teilstück im Nordwesten in einem Frankensteiner Kaufbrief erstmals urkundlich als "Rynnstieg" bezeichnet wurde. Gern benutzten den Pfad durch einsame Gebirgswildnis vor allem Jäger, Kaufleute und Boten. Aber erst Ernst der Fromme erkannte im 30jährigen Krieg die strategische Bedeutung des Rennsteigs und beauftragte Forstbeamte, den Lauf dieses Höhenweges zu ermitteln. 1535 wurden erste Grenzsteine (bei Brotterode) als Landesmarkierung zwischen Hessen und Sachsen-Meiningen gesetzt. Doch erst rund vier Jahrzehnte später (1578) wurde der Kammweg des Thüringer Waldes "Rennsteig" genannt, nachdem vereinzelt auch vom "Rennweg" gesprochen wurde. Gegen 1700 teilten sich neun Herzog- und Fürstentümer und eine Grafschaft des Gelände am Rennsteig!

Rund fünf Jahrzehnte sind vergangen, seitdem ich als Knabe in den Ferien den Thüringer Wald bei Ilmenau kennenlernte und bald ebenso lieb gewann wie das heimatliche Erzgebirge. Erst vierzig Jahre später - im Juni 1982 - betrat ich wieder den Rennsteig, diesmal bei Steinbach am Wald, wo sich jene kleine Wegstrecke befand, die nach Verlassen der DDR kurzfristig das nördlichste Frankenland durchspurte, um sich nach knapp einem Dutzend Kilometern wieder hinter Todesstreifen und Elektrozaun in den "Arbeiter- und Bauernstaat" einzufügen.

Erneut stand ich nun zur Osterzeit mit meiner Frau und Verwandten von der Oder an der Straßenkreuzung in Steinbach am Wald nahe der Kapelle am hohen grauen Flurstein mit dem "R" (Markierung des Rennsteigs) - diesmal mitten im freien Deutschland - und las erneut: "Wasserscheide am Thüringer und Frankenwald, nach der Elbe (nördlich) und dem Rhein (südlich)". Der Stein wurde 1850 errichtet und 1956 erneuert. Er zeigt an, daß wir uns hier 624 Meter über dem Meere befinden.

Erstmals wanderten wir also im Frühling 1994 gemeinsam ohne Grenzhindernisse auf dem vier Jahrzehnte geteilten Rennsteig. Zwischen Steinbach am Wald und der bayerisch-thüringischen Grenze wurde der alte Rennsteig leider zur Landstraße ausgebaut. Doch begleitet sie ein neuangelegter Weg, welcher dem Wanderer Schutz vor flinken Wagen und den Füßen angenehmen Untergrund zum Laufen bietet.

Nicht weit entfernt vom Pumpwerk der Fernwasserversorgung Oberfranken, wo die Alte Post- und Heerstraße den Rennsteig kreuzt, stand einst ein Forsthaus mit Gaststättenbetrieb: "Weidmannsheil", im Volksmund schlicht "das Waldhaus" genannt. Ich sage "stand" weil dieses hübsche Gebirgshaus Ende der achtziger Jahre durch Brandstiftung zerstört wurde. Als wir am ehemaligen Standplatz parken, bin ich entsetzt, denn - obgleich ich von dem Unheil gehört hatte - so schlimm hatte ich mir den Zustand nicht vorgestellt. Stehen geblieben sind allein ein kleiner Schuppen mit Öltank

und ein Waschhäuschen. Noch führen Treppen zur geschieferten Terrasse hinauf. Vom eigentlichen Waldhaus stehen keine Mauern mehr. Auf der nun verwilderten Freifläche liegen lediglich noch Holzstücke, Glasscherben und Ziegel...
Ich erinnere mich: vor zwölf Jahren war ich im Gasthaus Weidmannsheil eingekehrt. Mit dem frohen Gruß "Weidmanns Heil" - geschrieben über der Tür - wurden die Gäste ermuntert, einzutreten. Am Pfingstsonntag 1896 wurde in dieser Wirtschaft und Försterei (erbaut 1845) der Rennsteigverein gegründet und Prof. Dr. Ludwig Hertel zum ersten "Fürsteher" gewählt. An gleicher Stelle wurde bereits 1800 in einem früheren Waldhaus, das 1840 abbrannte, der Thüringer Waldverein ins Leben gerufen. Die Stuben im Forstgasthaus Weidmannsheil zeichneten sich durch beste handwerkliche Holzkunst aus: schwere Tische, geschnitzte Türen, gemütliche gepolsterte Eckbänke. Ausgestopfte Tiere: Fasan, Kitz und Fuchs hockten auf Balken, von denen einer die Jahreszahl 1706 trug. Am Ziegelofen mit Grillherd hingen geräucherte Schinken und Knoblauchzehen, daneben ein riesiges Vesperbrett, das ein dickes Schwein darstellte. Lampen, aus Geweihen gefügt, Jagdhorn und Jagdbeutel, Dreschflegel und Wagenrad, schmückten in urwüchsiger Art die Wände. Prachtstücke, die jeder schmunzelnd betrachtete, waren die beiden geschnitzten kämpfenden Eber über dem Kamin. Im benachbarten Saal lehrte einem der mächtige Kopf einer Wildsau das Gruseln. Hier befanden sich auch das Haupt eines Elches und ein Auerhahn, konnten Saufe-

dern für die Jagd, Bilder von Förstern und ihren Frauen, ja sogar eine Armbrust bewundert werden. Es schien, als sei Wilhelm Tell zur Begrüßung hereingetreten...
Doch allein durch Habgier, die den verblendeten Besitzer des Anwesens verleitet haben soll, böse Buben zum Anzünden des Hauses anzustiften - er büßte die Tat mit Gefängnis und soll inzwischen verstorben sein - verging das einstige Waldidyll in Rauch und Asche. - Vorerst bleibt nur zu hoffen und zu wünschen, daß in absehbarer Zeit an diesem Platz ein neues Waldhaus Weidmannsheil erbaut werden kann, zumal dem wieder gänzlich begehbaren Kammweg im wiedervereinten Deutschland eine besondere Aufgabe des Zusammengehörigkeitsgefühls aller Wanderer zukommt.
Im benachbarten Weg fanden wir aber noch den sogenannten "Roten Turm", eine Kuriosität und einst eng mit dem fröhlichen Leben der Gäste im Waldhaus verbunden. Fragten Leute nach diesem Turm, wurde ihnen ein großer Schlüssel ausgehändigt. Doch bald kamen sie zurück, enttäuscht oder lachend, denn sie hatten statt eines Aussichtsturmes nur einen rotbemalten Baumstumpf mit aufgenageltem "Türschloß" gefunden und eine Tafel, auf welcher zwei wilde Tiere einen zinnengekrönten Turm stützen.
Für Wanderer, die den Waldfrieden dem lauteren Weg des Ur-Rennsteigs neben der Fahrbahn nach Tettau und zum Loquitztal vorziehen, führt seit jüngerer Zeit ein neuer Rennsteig auf weichem federnden Boden zum Parkplatz "Hab acht" und weiter zum Ebershügel. An der Renn-

134: Wegetafel auf dem Rennsteig. Das "R" weist dem Wanderer die Richtung des Höhenwegs durch den Thüringer und Franken-Wald (1994)

135: Hier stand das Forsthaus "Weidmannsheil", bis es durch Brandstiftung zerstört wurde. Im "Waldhaus" wurde der "Thüringer Waldverein" und der "Rennsteigverein" gegründet (1994)

136: Der Rennsteig überquert die ehemalige deutsch-deutsche Grenze - im Wetzstein-Gebiet (1994)

137: Wappenstein von 1725 - Grenze zwischen Thüringen und Franken am Birkenschlag - früher zwischen Königreich Bayern und Großherzogtum Sachsen-Weimar (1994)

138: Betonpiste der ehemaligen Grenzbefestigung der DDR auf der "Lichtwiese" nahe dem Tettauer Winkel(1994)

139: Waldschenke "Kalte Küche" am Rennsteig, an der alten Heer- und Handelsstraße von Nürnberg nach Leipzig – nahe Spechtsbrunn (1994)

140: Spechtsbrunn am Rennsteig; am Dorfanger (1994)

steig-Straße wurde einem Georg Beetz ein Gedenkstein gesetzt. Unter den Lebensdaten (1907-1960) las ich den eindrucksvollen Sinnspruch: "Wie des Grases Blumen sind die Menschen."
Das weiße "R", welches den Höhenweg kennzeichnet, erhielt Ende des 19.Jhs. symbolhaft den Namen "Mareile", zur Erinnerung an das Töchterlein Marie des damaligen Försters Sauer im Waldhaus Weidmannsheil, wo es mit seinem Zitherspiel abends die Gäste erfreute.
Hinter der großzügig ausgebauten Zweigstraße nach Kehlbach öffnet sich der Wald. Wir gehen über die große, von elektrischen Leitungen überspannte Freifläche weiter nordwestlich der ehemaligen deutsch-deutschen Grenze zu. Huflattichblüten breiten ihre Sonnenschirmchen aus. Später schmiegen sich hier zierliche Gebirgs-Sauerampfer und winzige Labkräuter vor rauhen Winden ins schützende Gras. Margaritten und Lupinen blühen im Frühsommer am Straßenrand. Vogelbeerbäume - besonders beliebt in mitteldeutschen Gebirgen - grüßen heimatlich vertraut. Am Birkenschlag teilt sich die Straße, biegt links nach Klein-Tettau ab und führt rechts ins Taugwitztal gen Ebersdorf. Hier entdecken wir den ersten Wappenstein, welcher bis vor kurzem die innerdeutsche Grenze markierte. Er stammt aus dem Jahr 1725 und zeigt die Wappen des Königreiches Bayern und des ehemaligen Großherzogtums Sachsen-Weimar. Als ich Anfang der 80er Jahre hier bei den weißblauen bayerischen Grenzpfählen neben dem Schild "Landesgrenze" stand, durfte ich den nun zur "Lichtwiese" geleitenden Rennsteig nur mit Blicken folgen, da er dort ins Gelände

der damaligen DDR überwechselte, sich im Todesstreifen auflöste und nach rund einem Kilometer am Glashügel erneut bildete, um durch den Staatsforst Hasenthal hinein ins schöne Thüringer Land zu führen.
Im Frühjahr 1994 aber treten wir hinter dem Wappenstein aus dem Wäldchen, überqueren den Feldhügel der "Lichtwiese" zwischen Heidekraut und jungen Birken und sehen auch noch die Betonbahn auf der einst Jeeps der NVA ihre Kontrollfahrten unternahmen. Teile von ehemaligen Wallgräben sind noch erkennbar, doch die grauenvollen Sperranlagen sind wie ein böser Spuk verschwunden. -
Stille Naturlandschaft. Als wir im Kuhwald auf einer Bank rasten, wissen wir nicht, verweilen wir jetzt auf bayerischem oder ehemaligen DDR-Gebiet, denn die Grenze verläuft hier im einstigen sachsen-meiningischem Zipfel "Himmelreich" in derartigen Zacken, daß der Rennsteig den früheren Todesstreifen dreimal überschreitet. Von der "Lichtwiese" bieten sich lohnende Fernsichten nach Tettau und Lichtenhain. Zuverlässig führen uns die holzgeschnitzen "R" über den ältesten deutschen Höhenweg zur "Kalten Küche", vorüber am Glashügel, durch den Hasenthal-Forst, bergab über Freifluren. Von fern schon erspähen wir die alte Heer- und Handelsstraße von Nürnberg nach Leipzig. Auf ihr reisten 1547 Kaiser Karl V. und Herzog Alba nach der Schlacht von Mühlberg mit ihrem Gefangenen Johann Friedrich Kurfürst von Sachsen.
Die Wirtschaft "Kalte Küche" entstand 1932 als Waldschenke, doch befand sich an dieser

Stelle schon in früheren Jahrhunderten eine Ausspann-Station an der Nürnberger oder Judenbacher Straße, wo nicht nur Kaufleute rasteten, Soldaten in Zeiten großer Kriege marschierten, sondern auch manch hohe Fürstlichkeit des Weges zog, wie im 15.Jh. Herzog Wilhelm der Tapfere, Kurfürst Friedrich der Sanftmütige von Sachsen oder Christian I. König von Dänemark auf seiner Fahrt nach Rom. Martin Luther überquerte mehrfach den Gebirgspaß an der "Kalten Küche".
Wir haben Glück! Mutter Helene öffnet gegen zwei Uhr mittags ihre Gaststube, bringt uns kräftige Vesperbrote zum Bier.
Allein steige ich später auf dem Rennsteig durch ein Wäldchen zur Höhe und sehe bald vom Forsthaus, Spechtsbrunn vor mir in der Sonne liegen, ein typisches Straßendorf, schon 1414 als Spezborn (Spexborn) bekannt. An der Haupt- und einer Nebenstraße reihen sich die fast ausschließlich mit Schiefern verkleideten Häusern aneinander. Dies verleiht dem Dorf einen etwas strengen Ausdruck. Doch wird er gemildert durch die zahlreichen osterbunten Krokusse, Schneeglöckchen und vereinzelt auch Märzenbecher in den Gärten. Die kleine Barockkirche von 1746 und das breite, fast behäbige "Gasthaus am Rennsteig" - es war schon um 1900 als "einfaches Wirtshaus" vorhanden, zur Zeit, da die Dörfler neben Ackerbau, Fischfang und Holzfällen, sich ihr Brot auch mit Fuhrunternehmungen und Herstellen von Schiefergriffeln verdienten - Gasthaus und Kirche sind die Sehenswürdigkeiten des alten meiningschen Ortes, freilich auch der Weiher an der

Straße nach Hasenthal.
Spechtsbrunn, welches seinen Namen einem Einsiedler verdanken soll, der vor mehr als 600 Jahren in einer Klause bei einem Brunnen hauste und täglich von einem Specht besucht worden sei, entwickelt sich nach jahrzehntelanger Isolierung als DDR-Grenzgemeinde dank seiner nun günstigen Gebirgslage zwischen Thüringer Wald und Frankenwald auf rund 700m Höhe in ruhiger Naturlandschaft allmählich wieder zur Erholung spendenden Sommerfrische.
Und lauschen wir aufmerksam dem Rauschen aus der Vergangenheit, wird uns das alte Spaksborn vielleicht noch manches Geheimnis kundtun. Nicht nur Flurnamen wie "Geisterwiese", "Zigeunerebene" oder"Richtstatt"verraten geschichtsträchtige Zeiten, sondern ein vor 500 Jahren gewährtes Privilegium, welches dem Ort ungewöhnliche Freiheitsrechte zusprach, die sonst nur Städten zugebilligt wurden, bezeugen anhand nur eines Beispiels die ursprüngliche Bedeutung Spechtsbrunns: "Zum Dritten Sollen die von Spexbrunn in Keine reiße oder Herrfahrt ziehen, denn so fernen, daß Sie vor nachts wieder mügen heim kommen, noch kein Heergeldt oder ander sach pflegen, das in die Herrschafft dienet, darumb ist Ihnen beuohlen, die Straß auf dem Waldte. Auch so Sie iemandt betreten oder begreiffen auf dem Waldte mit warer that, daß Sie denselbigen möchten hangen an den nechsten baum, ohne Vrtheil vnd gericht, vnd an dem dritten tage die Herrschafft mit gericht darzubestellen vnd durch vrtheil vnd recht fragen lassen, wenn er gleich hange. Auch ob einer keyen (gegen, nach) Spexbrunn komme,

er sei ein mörder, rauber oder andrer vbelthäter, in einen Fleck Ackers darauf zehen scheffel winter getreydes geseet werden, der hat Freyheit vor iedermanniglich, dieweil er in den Acker ist."

Vergaß dei Haamit net...

**Wiedersehen mit dem Erzgebirge –
Auf den Spuren der Kindheit**

"Vergaß dei Haamit net..." Wie oft habe ich in etlichen Jahrzehnten, da ich - meist in den schönen Landen des Rheinstromes - im geteilten Deutschland lebte, diese Zeilen in Gedanken gesprochen, die Verse dieses Liedes, das so zärtlich und doch so eindringlich an die Heimat erinnert, gesungen, allein - vor allem später - je länger ich dem Gebirge meiner Kindheit fern bleiben mußte, besonders aber (als er noch lebte) mit meinem Vater, dem es nach seiner Flucht aus Mitteldeutschland 1947, nie mehr vergönnt war, seine sächsische Heimat wiederzusehen.
"Vergaß dei Haamit net..." Dem Volksliederdichter Anton Günther verdanken die Ergebirger dieses und viele andere Liedgedichte, wie "Wu de Walder haamlich rauschen", "O Arzgebirg, wie bist du schie..." oder das weit über seine Gebirgsgrenze bekannte "Feierobnd". Und wenn es galt, bei geselligem Beisammensein Lieder der Heimat vorzutragen, so ließ ich, freudig

bewegt, voller Liebe im Herzen zu diesem Gebirge, das Sachsen und Böhmen verbindet, Worte und Weise des Feierobndliedes erklingen: "De Sonn steigt hinnerm Wald drübn nei, besaamt de Wolken rut... - 's is Feierobnd, es Togwerk is vollbracht, 's gieht allis seiner Haamit zu; ganz sachte schleicht de Nacht". Immer wurde es still im Saal, die Menschen lauschten, fühlten wohl: hier schlummert verborgen das Heimweh nach einer Landschaft, und sicherlich dachte mancher an seine eigene Heimat, die er irgendwann verlassen mußte.
Erzgebirgisch ist mehr als ein Dialekt. Es wird durch etliche eigenständige Begriffe, die ins Hochdeutsche übertragen, oft nur umschrieben werden können, zur Sprache: "besaamt de Wolken rut...", das heißt etwa; "alle (die gesamten) Wolken färben sich rot". Und durch den Vokalreichtum wird diese kernige Sprache des rauhen und dennoch anmutigen Gebirges - ohnedies gefördert durch die zum Teil weiche Aussprache der Kononanten des Sachsen - zur Melodie: "'s is a kaa Stappela Baah", was soviel bedeutet wie: im hohen Schnee "ist noch kein Pfad (Bahn)" getreten worden.
Nein, ich hatte meine Heimat nicht vergessen! Aber es war schwierig, nach fast einem halben Jahrhundert, im Abenddunkel den Fahrweg von Sosa hinauf nach Riesenberg wiederzufinden, den wir Kinder in den letzten Kriegsjahren an Hunderten von Tagen zur Schule getippelt, mit dem Schlitten oder den Skiern gefahren waren. Doch schließlich, nach einigen Irrwegen, trafen wir doch auf der Lichtung, mitten im Waldgebirge, ein, wo die drei Riesenberger

Häuser auf der Höheneinsamkeit stehen, mindestens 3 km vom nächsten Dorf entfernt. Eigentlich sind es vier Häuser, denn zwischen dem Forsthaus und einem kleineren, etwas abseits der Straße ruhenden Waldarbeiterhäuschen, dominiert das größte Gebäude, welches sich aus zwei selbständigen Wohntrakten zusammenfügt. In jüngerer Zeit wurde aber die Trennmauer teilweise durchbrochen, und eingesetzte Türen verbinden beide Hausteile zu einer Einheit. Dadurch konnte sich die ehemalige Schenke zu einer Gaststätte mit Zimmern zur Übernachtung für Gäste entwickeln.
Meine Cousine und ihr Mann aus dem Oderbruch erwarteten meine Frau und mich schon zu einer Ferienwoche im hohen sächsischen Erzgebirge, nur wenige Kilometer vom Grenzkamm entfernt, wo Bäche und Pfade hinab nach Böhmen streben. Ferientage auf den Spuren der Kindheit. Ursula und ich weilten zu jener Zeit, da Bombenflugzeuge die mitteldeutschen Städte bedrohten, mit unseren Müttern und Schwestern als Evakuierte in dieser - für uns Kinder idyllischen - Naturabgeschiedenheit; wollten nun Erinnerungen wachrufen, wahrnehmen, was geblieben war, aus der schönsten Zeit der Kindheit, auch wenn wir dann 1945 selbst in dieser Einöde nicht von der Kriegsfurie verschont blieben - und wir wollten unsren Partnern zeigen, wo wir damals hausten und glücklich waren.
Als ich am ersten Morgen erwachte, dampfte Nebel über den Wiesen, und ich befürchtete schon, daß wir hier im Gebirge keinen "goldenen Oktober" bekämen. Doch wenig später riß der Wolkenvorhang auf und die Sonne erhellte die

Landschaft mit jener tiefblaugoldenen Farbkraft, wie sie uns in Mitteleuropa nur in den schönsten Herbsttagen geschenkt wird.
Gleich nach dem herzhaften Frühstück, das uns Siggi, der Wirt, zubereitet hatte, traten wir vors Haus, um uns umzuschauen. Die alte Kastanie ragt noch am Straßenrand empor, trägt jetzt ihr orangebraunes Fächerkleid, und glänzend braune Kugeln fallen aus den Igelschalen. Nahebei fanden wir noch das alte Brunnenhäusle, so wie es früher auch beim Nachbarn stand, wo damals Mutter mit uns Geschwistern wohnte. Im klaren kalten Wasser, von dem Siggi sagt: es sei ein guter Trunk und Waschungen damit seien heilsam für die Haut, in diesem Wasser schwammen früher die frischen Butterstücke, denn einen Kühlschrank gab es ja damals noch nicht.
Die große Esche, vor der Dav seinen Holzklotz aufgestellt hatte und Feuerholz hackte, ist noch höher gewachsen.
So wie es mir einst am Bodensee erging, nachdem ich als Erwachsener in Immenstaad am Mäuerlein entlang zum See lief und in der Erinnerung alle Dinge viel größer gewesen waren, als beim Wiederbetrachten in der Gegenwart, so empfand ich es auch an jenem Oktobertage: Die gesamte Naturlandschaft schien enger zusammengerückt zu sein. In Riesenberg lag es allerdings auch daran, daß der Wald sich Weideland zurückerobert hatte.
Unser erster Spaziergang führte hinunter zum "Riti-Fridi" unserem Riesenberger Tierfriedhof. Die Wiesen, auf denen in den Herbstnächten Hirsche schauerlich röhrten, sind jetzt arg

versteppt, verwildert. Früher waren es schöne blühende Wiesen. Wir Kinder halfen bei der Heuernte. Ich entsinne mich, daß manchmal aus dem trocknenden Gras, das wir mit der Harke wendeten, eine Schlange herauskroch, jedoch ohne uns zu beachten, eilig dem Walde zustrebte. Die Faszination, das Tier so nahe zu sehen, war größer als Furcht vor ihm. Manche Wiesenflecken sind so feucht, daß lange Binsenhalme hervorsprossen, die wir Kinder gern zum Flechten von Körbchen oder Tieren benutzten. Auch Wassergräben, die einst sorgten, daß die Weiden sommers nicht zu stark ausdörrten, zur Regenzeit aber übermäßiges Wasser rascher ableiteten, sind noch vorhanden. Meine Cousine und ich versuchten im hohen Waldgras noch Reste oder Hügelchen des ehemaligen Tierfriedhofes zu finden, vergeblich. Zu Erde verweste Blätter und Nadeln der Jahrzehnte haben den Platz geebnet. Auf dem "Riti-Fridi" hatten wir damals Tiere - also "überzählige" neugeborene Kätzchen, die nicht leben durften, aber auch verstorbene Vögel oder Hühner, die im Weiler geschlachtet worden waren, begraben. Die Kätzlein in Schuhkartons, die Hühner symbolisch, denn weder Fleischreste noch Knöchelchen gelangten in unsere Hände. Auf die Hügelchen pflanzten wir Blumen vom Feld oder aus dem Garten.
Zurück zur Straße, wo die Vogelbeerbäume - die charakteristischsten Bäume des Erzgebirges - beträchtlich gewachsen sind. Ihre Zweige breiten sich erst in stattlicher Höhe aus, so daß es dem alternden Manne heute kaum gelingt, was dem Bub damals keinerlei Mühe berei-

tete, nämlich die rotorangenen Trauben zu pflücken und zu kosten, ob die Beeren bitter oder säuerlich schmecken. Letztere waren begehrt - selbst bei den Hausfrauen, zwecks Zubereitung leckerer Marmelade.
Das Häuschen, in dem wir damals logierten, sieht heute - neu restauriert - schöner aus. Doch der alte Schuppen, auf dessen sanftem Schrägdach wir uns in warmer Spätwintersonne auf Wolldecken aalten - während der Boden noch dick mit tauendem Schnee bedeckt war, durch den wir barfuß zum Haus eilten - ist verschwunden. Auch die rohgezimmerten Gartenbänke mit dem langen Tisch in der Mitte, gibt es nicht mehr. Hier saß der Elfjährige und übte mittels Kinderliederbuch seiner Mundharmonika erste Weisen zu entlocken. Neben dem Acker, auf dem meist Kartoffeln gediehen, vor allem die rotschaligen, die ich bevorzugte, wenn wir abends mit den Kindern des Weilers die frischgeernteten Feldäpfel im Feuer rösteten, neben dem Acker steht jetzt eine Andenken-Verkaufsbude, die uns fremd und störend erschien. Kurz hinter ihr beginnt nun schon der junge Forst, daher es sind einige Meter Wildwiese verschwunden. Scheinbar nichts besonderes; doch war es just auf diesem Gelände, auf dem im Frühjahr 1945 meine Mutter und ich um unser Leben rannten, gefolgt von Tieffliegern, die auf uns Flüchtende schossen. Nur der nahe Wald, welcher unsere Verfolger zwang, ihre Maschinen hochzureißen, rettete uns. In jener Zeit sahen wir auch öfters Bombengeschwader Richtung Chemnitz und Dresden fliegen, hörten ihr eisernes Summen und später

151: Riesenberger Häuser im Erzgebirge oberhalb von Sosa; Gaststätte (1992)

152: Riesenberg im hohen Erzgebirge (bei Sosa) – in diesem Haus wohnte der Autor als Knabe mit seiner Mutter und Schwester von 1943-1945. (1992)

153: Riesenberg im hohen Erzgebirge; der größte der "Vier Gesellen" - eiszeitliche Steinkolosse(1992)

154: Sosa im Erzgebirge (bei Eibenstock) in anmutiger Landschaft zu Füßen des Auersberges (1992)

155: Sosa im Erzgebirge (Bei Eibenstock) - in diese Schule gingen der Autor, seine Schwester und seine Cousinen mit den Kindern der Riesenberger Häuser in den letzten Kriegsjahren (1992)

die gewaltigen Detonationen, wenn die todbringenden Lasten auf die Häuser der Städte abgeworfen worden waren. Bald darauf glühte der Horizont rot vom Feuermeer und Rauchwolken quollen zum Himmel empor...
Zu meiner Freude fand ich noch einige Exemplare der Wilden Möhre, die früher hier in Mengen gedieh. Nicht nur ihr würziger Küchenkräuter-Geruch, sondern auch die bunte Herbstfärbung der feingefiederten Wedel betrachte ich heute noch gern.
Später schritten wir nördlich am Hang des Riesenberges (923m) entlang, wo teilweise Windbruch oder Abholzung (Waldschäden?) zu Kahlschlag führte. Wie ich später erfuhr stürzte dort nach dem Krieg ein Flugzeug nahe der Siedlung Riesenberg ab. Hier am Hang sausten wir Kinder, nach schnell erledigten Schulaufgaben, in langen Winterwochen, oft täglich in den Nachmittagsstunden, auf unsern Schiern, oder wenn der Schnee fest gefroren war, mit dem Schlitten, über die weißen Fluren. Wir Stadtkinder hatten damals fast von heute auf morgen Skifahren lernen müssen. Im Dezember in Riesenberg eingetroffen, gab es für uns - um ins Schuldorf Sosa (ca 5km) zu gelangen, zu den **Schneesch**uhen als Fortbewegungsmittel keine Alternative. Daß wir anfangs mehr auf unseren Skiern hockten als standen, ist gewiß verständlich.
Das alte Forsthaus blieb offenbar unverändert. Links von ihm führt der Weg durch den Wald zu den "Vier Gesellen" leicht bergan. Bereits eine Viertelstunde später erkannten wir den ersten "Geselle" zwischen Baumstämmen auf

einem Hügel. Bei den "Vier Gesellen" handelt es sich um eiszeitliche Steinkolosse - übereinander gehäufte Steinplatten - welche seltsame Türme bilden. Es gibt zwei mittlere Gesellen, einen kleinen, der einer Kanzel ähnelt, und einen wuchtigen, dreigegliederten Felsriesen, der am schwierigsten zu erklettern ist. Im Walde roch es köstlich nach Holz, Harz und wildem Gras, manchmal gar nach verspäteten Pilzen. Ab und zu stiegen Dampfwölkchen, die die Sonne aus den taufeuchten Kräutern sog, auf, wie lustige Geisterchen.
Gegen Mittag fuhren wir zunächst auf unserem alten Schulweg den großen und mittleren Berg hinunter. Auch die vertraute Lärche, unter der wir Kinder auf dem Heimweg von Sosa zur Halbzeit verschnauften, ragt noch stolz in den Himmel, obgleich sonst hier zahlreiche Bäume ihr grünes Leben opfern mußten. Aus der einstigen Schonung, wo sich der Blick vom Hahn-Ernst-Berg öffnete und bald die ersten Hütten des Sosaer Oberdorfes zu sehen waren, hat sich in Jahrzehnten ein beachtlicher Hochwald entwickelt. An der Gabelung folgten wir dem linken Fahrweg, vorbei an einem modernen Kohlenmeiler in einem Granit-Steinbruch - es roch angenehm nach frischer Holzkohle - und weiter bergab, nahe der "Talsperre des Friedens", hinein nach Sosa.
Das Tal von Sosa soll bereits um 1200 von oberfränkischen Bauern, sogenannten "Sassen"(d. h. der Ortsname), besiedelt worden sein, doch stammt die erste urkundliche Erwähnung als "Sossaw" aus dem Jahre 1453. Die Blütezeit der ursprünglich armen Häusler, welche vorwie-

gend von Viehhaltung und Waldarbeit lebten, begann erst im 17.Jahrhundert, zur Zeit des Sosaer Bergbaues (vor allem Zinn und Eisengewinnung, aber auch Bergkristall u.a.), dauerte jedoch nur bis ins frühe 19.Jahrhundert. Wie in vielen anderen Siedlungen des Erzgebirges auch, brach erneute Armut an. Die Männer zogen als Reisende mit Arzneien und Tinkturen durchs Land oder verdingten sich als Bergleute in den Zwickauer Kohlegruben, während Frauen und Kinder sich durch Klöppeln Geld verdienten. Inzwischen ist Sosa ein beliebter Erholungsort für Feriengäste geworden. An die alte Dorfkirche mit ihrem schmucken Zwiebellaternen-Helmturm konnte ich mich nicht mehr erinnern. Dennoch gingen wir einst wochentäglich an ihr vorbei, neben Fachwerkhäusern am Sosabach entlang, zur stattlichen neuklassizistisch wirkenden Schule. Bedauerlicherweise wird das kleine Gebirgswasser jetzt teilweise in Rohre eingezwängt, wohl um die Hauptstraße zu verbreitern.

Zwei Tage später parkten wir oberhalb Sosas am Hirschkopf, um die weithin bekannte "Talsperre des Friedens" kennenzulernen. Verständlicherweise darf weder die Anlage bei der Staumauer noch diese selbst betreten werden, damit das Trinkwasser nicht verunreinigt werden kann. Bis ins 19.Jahrhundert reichen ursprüngliche Pläne für eine Talsperre zurück. Nach einem furchtbaren Unwetter 1897 im Westerzgebirge forderte August Bebel im Reichstag den Bau eines Stausees, um durch Zügeln der Wildbäche künftige Katastrophen mildern zu können.

Zur Zeit des Ersten Weltkrieges, aber auch in den zwanziger und dreißiger Jahren des 20.Jahrhunderts, war erneut eine Talsperre im Höllengrund im Gespräch, um den immer ernster drohendem Trinkwassermangel einiger Städte in der Region, vor allem Zwickau und Aue, beseitigen zu können. Doch erst nach dem Zweiten Weltkrieg konnte unter großer Kraftanstrengung in nur eineinhalb Jahren das mächtige Bauwerk errichtet werden. Am 19.Dezember 1951 übergab Otto Grotewohl, Ministerpräsident der damaligen jungen DDR, die "Talsperre des Friedens" der Öffentlichkeit. Sie staut 6 Millionen Kubikmeter Wasser auf einer Fläche von rund 1600m Länge und bis zu 400m Breite und ist stellenweise bis zu 48m tief.
Bei einer bizarren Felsgruppe am Hirschkopf, im Norden des durch die Kleine Bockau und den Neudeckerbach gespeisten Sees, begannen wir unseren Gang am Ostufer, zunächst auf dem Hirschknochenweg. Durch den dichten Wald erspähten wir leider nur selten zwischen Zweiglücken den Wasserspiegel. Doch der schöne stille Waldweg befriedigte auch das Gemüt, obgleich im Spätjahr die Flora nur spärlich ist. Das geübte Auge erfaßt aber an Rosetten und Fruchtständen der Wildkräuter was im Lenz und Sommer uns blühend erfreut: etwa Fingerhüte, Huflattich, Habichtskräuter und Glockenblumen. Immer wieder gesellen sich zum Mischwald Ebereschen, die ihre wunderschönen Korallenbeeren im Blauhimmel funkeln lassen: "Kann schönnern Baam gibt's wie ann Vugelbeerbaam".
Kurz vor dem Südzipfel wählten wir einen Pfad, teilweise sumpfig, von Ästen und Zweigen bela-

gert, hinab zur Talsperre. Sie hatte durch den trockenen Sommer merklich Wasser verloren. Dennoch war Vorsicht geboten beim Überqueren des Sandstrandes, auf dem sich Moos angesiedelt hatte, denn der Untergrund war wassergesättigt und ließ den Fuß knöcheltief einsinken.
Vom Parkplatz stapften wir später zur höher gelegenen "Köhlerhütte" am Waldsaum. Erzgebirgisch-sächsische Klöße werden hier zum delikaten Hirschbraten nicht serviert, sondern Knödel auf böhmische Art, wie sie an den Südhängen des Erzgebirges zubereitet werden, groß wie ein Kinderkopf, so daß sie dem Gast in Scheiben geschnitten auf dem Teller gereicht werden. Die "Köhlerhütte" ist im Gebirgshüttenstil ausgestattet, hat Lampen wie in "Wiener Wald-Gaststuben". Benachbart hockt ein aus Holz gefügter künstlicher "Meiler", welcher früher ein Nobelrestaurant beherbergte. Ein Blick auf das friedlich in der Sonne ruhende Sosa und ein kleiner Strauß letzter Wiesenblumen erfreuten die Wanderer, ehe sie zur Heimfahrt hinauf zum Riesenberg starteten, und sie sprachen aus, was sie empfanden:
"O Arzgebirg, wie bist du schie..."

Wu de Walder haamlich rauschen

Zwischen Fichtelberg und Auersberg im oberen Erzgebirge

"Wu de Walder haamlich rauschen, wu de Haad su rötlich blüht...", sang der Erzgebirgsdichter und Liedermacher Anton Günther. Gottlob! Noch rauschen sie, die Wälder, in den oberen Regionen der südsächsischen Landschaft, zwischen Fichtel- und Auersberg. Beide Gipfel erfreuen Wanderer und Naturfreunde auch in unserer Zeit gleichermaßen.
An einem sonnenreichen Herbsttag fuhren wir durchs wildromantische Steinbachtal nördlich Johanngeorgenstadts und trafen wenig später in Breitenbrunn ein. Der Name erinnert an eine alte Wehranlage, an einen Wallgraben, den "breiten Brunnen". In einer Urkunde von 1380 wird am "Streitperg zu Breitinprun" die Verleihung eines Zinnbergwerkes verkündet. Neben Zinn, Schwefel- und Kupferkies wurde auch Eisen und Silber, ja sogar Gold in Breytenborn gewonnen. Den Namen "Christophit" bekam die Blende von der Grube St. Christoph verliehen. Auf das wertvolle handgeschöpfte Papier aus der 1642 in Breitenbrunn entstandenen Papiermühle schrieb Johann Sebastian Bach Noten einiger seiner Kompositionen.
Die in der Renaissance (1559) erbaute Christopheruskirche wurde damals restauriert. Im

Inneren ist sie maßgeblich vom Barock geprägt. Von 1824-1836 predigte hier der Pfarrer und Mundartdichter Christian Gottlob Wild, ein begeisterter Erzgebirgswanderer. Gegenüber der Dorfkirche entdeckten wir in einem Park eine turmartige Ruine. Johann Traugott Lindner berichtet in seinen "Wanderungen durch das Sächsische Obererzgebirge" 1848 von "Trümmern eines ehemaligen Jagdschlosses, umgeben von einem 6 Ellen breiten Wallteichlein, welches aber dermalen für andere Zwecke ausgefüllt ist". Wahrscheinlich schon im 12.Jahrhundert als Wachtturm an einem Wege befestigt, wurde das Gebäude später als Vorwerk (ein Gut der Herrschaft Schwarzenberg) "mit steinernem Stock" bezeichnet, ehe es im 16.Jahrhundert einem Forstknecht als Jagdhaus diente. Als dieses abbrannte, ließ es Johann Kurfürst von Sachsen 1610 als Jagdschlößchen neu und schöner erstehen. Nach 1700 ist es dann endgültig verfallen.
Etwas östlicher schlängelt sich die Hauptstraße der Sommerfrische Rittersgrün durchs Pöhlwassertal. Pensionshäuser verstreut an den Wiesenhängen des Ochsenkopfes, Hammer- und Sonnenberges. Erst im 19.Jahrhundert bildete sich Rittersgrün durch Zusammenschluß dreier ehemalig selbständiger Gemeinden, doch war der Ort früher schon durch Bergbau und verkehrsstrategisch so bedeutsam, daß eine Paßstraße, bis ins 16.Jahrhundert nachweisbar, nach ihm benannt war. In jenem Jahrhundert war es auch, als Nicolaus Klinger zu Elterlein "Concession zu Anlegung eines Hammerwerkes" in Oberrittersgrün erhielt (1584). Der ältere Ortsteil

scheint jedoch Unterrittersgrün zu sein. 1534 erstmals erwähnt, gab es jedoch bereits 1440 nahe dem ehemaligen Bahnhof Oberrittersgrün (seit 1977 Museum "Schmalspurbahn Oberrittersgrün) im Ortsteil Rothenhammer eine Eisenhütte. Blütezeit für Hammerwerke und Hochöfen, Blechfeuer und Zinnhäuser war im Tal der Pöhla (früher auch "Biela" genannt) Mitte des 18. Jahrhunderts. Nachdem immer mehr Betriebe ihre Tätigkeit einstellen mußten, begann nach 1830 durch Arbeitslosigkeit für die Einwohner große Armut und Hungersnot, zumal die kleinen Felder nur wenig, bei früh einbrechendem Winter manchmal gar keine Ernte brachten. Neben ihren Frauen nahmen auch Männer Heimarbeit an, klöppelten Spitzen und Decken vom frühen Morgen bis in die Nacht hinein, "um 2 Neugroschen zu verdienen". Viele Leute verließen ihre Heimat, um andernorts ihr Glück zu versuchen. In jener Zeit bildete sich die bald berühmte Rittersgrüner Bergkapelle, welche anläßlich der Messe in Frankfurt am Main im Ratskeller und Tiergarten konzertierte. Nebenbei verkauften die Musikanten ihre Klöppelware. Arbeit und neue Hoffnung für die Rittersgrüner kam endlich 1864 ins Tal, als Simon Junghans, Gottlob Kellers Erfindung - Papier als Holzschliff zu fabrizieren - einführte.
Nun begleitete uns der Klingerbach, nahe der böhmischen Grenze, südöstlich durch die Kleinstweiler Ehrenzipfel und Zweibach nach Tellerhäuser. Verdankt Zweibach seinen Namen der Vereinigung des Zwei- mit dem Höllbach zum Pöhlwasser, erregte Ehrenzipfel 1833 weltweit Aufsehen, nachdem Waldarbeiter hier einen 183 Kilo

schweren Meteor entdeckten. Tellerhäuser, auf 921m Höhe angesiedelt, ist die höchste Gemeinde Mitteldeutschlands und beliebt als Ferienort. Die Sage erzählt: Abraham Teller, ein armer Bergmann, habe westlich des Fichtelberges eine verlassene Grube gekauft und in ihr nach Silber gesucht. Später kaufte er jedem seiner drei Söhne ein Haus. So seien die Tellerhäuser entstanden. Hingegen sprach Magister Lehmann, Pfarrer in Scheibenberg, im 17.Jahrhundert wiederholt von nur einem Haus in jener Gegend. 1786 gesellte sich ein Forsthaus dazu und - nachdem die Tellerhäuser 1838 selbständige Gemeinde wurden - erhielten sie rund drei Jahrzehnte später sogar ein Schulhaus. Die Bewohner lebten jahrhundertelang vorwiegend von Waldwirtschaft und beherrschten auch die Kunst des Rindenschnitzens und des Klöppelns.

Bis Oberwiesenthal fehlen nur noch wenige Kilometer. Erstmals betrat ich diesen berühmten Wintersportort, welcher jedoch auch bei Sommergästen und Wanderern nicht minder beliebt ist. Zunächst aber fuhren wir auf einem Nebensträßchen höher den Buckel des Fichtelberges hinan, parkten an der "Alten Poststraße" und gingen zu Fuß auf dem sanften Bergweg, an der stattlichen Sachsenbaute mit ihrem prächtigen Mittelhausgiebel vorüber, über den hinteren Bergrücken zum vorderen Fichtelberg. Viele Quellen sprudeln aus dem mächtigen kristallinen Steinmassiv, sammeln sich zu Bächen und Flüssen wie Schwarzwasser, Weiße Sehma, Pöhla und Mittweida. Blühende Blumen gediehen in der rauhen Spätjahreszeit natürlich nicht mehr,

doch lassen Rosetten erahnen, daß in dieser Höhe um 1200m manche selteneren Gebirgspflanzen beheimatet sind. Einige von ihnen tragen reiche Fruchtstände. Vogelbeerbäume (Ebereschen) klettern als einzige Laubbäume bis in höchste Regionen, auch Fichten, die, arg von Stürmen zerzaust, von Eis und Schnee bedroht, Äste verloren und verkümmerten oder krummgewachsene Bergkiefern, "Windflüchter" genannt.
Schließlich ist der Gipfel des 1214m hohen Fichtelberges und somit der höchste Punkt Mitteldeutschlands erreicht. Gute Aussicht bietet sich auf das Westerzgebirge bis zum Auersberg bei Eibenstock und auf die böhmischen Ergebirgshöhen. Inmitten ragt fürstlich der Keilberg empor, höchster Gipfel des gesamten Erzgebirges. Sein Turm steht noch 30m höher als jener des Zwillingsbruders. Auf dem Fichtelberg herrschen extreme Naturbedingungen. So schwankten die Temperaturen zwischen Februar 1956 und Juli 1957 um 61°! (-30,4°/+30,6°). Durchschnittlich ist der Gipfel an ca. 180 Tagen im Jahr wolkenumhüllt und ist an nur 199 Tagen schneefallfrei. Ende März 1944 wurden hier oben 3,35m Schnee gemessen! Nebel und Stürme sind häufige Gäste. Gelegentlich färben Nordlichter den Himmel über der Bergwelt mit eigentümlichen Strahlen bunt, oder es tauchen plötzlich am Horizont ferne Bergriesen auf: Arber und Osser im Bayerischen Wald oder die Schneekoppe des Riesengebirges. Seit 1916 gibt es auf dem Fichtelberg eine Wetterwarte. Sie wurde nach 1950 zum bedeutenden Bergobservatorium ausgebaut. Schon 1899 wurde die erste Berggaststätte als höchstes Haus Sachsens

166: Aufstieg zum Fichtelberg, dem höchsten Berg des sächsischen Erzgebirges (1992)

167: Auf dem Gipfel des Fichtelberges (1214 m) – höchster Berg des sächsischen Erzgebirges

168: Blick vom Fichtelberg auf den böhmischen Keilberg, höchster Berg des Erzgebirges (1244 m) - (1992)

169: Oberwiesenthal im hohen Erzgebirge - höchstgelegene Stadt Deutschlands (914 m); Markt mit Rathaus und Brunnen (1992)

170: Auf dem Auersberg – höchster Berg des Westerzgebirges (1019 m) – (1992)

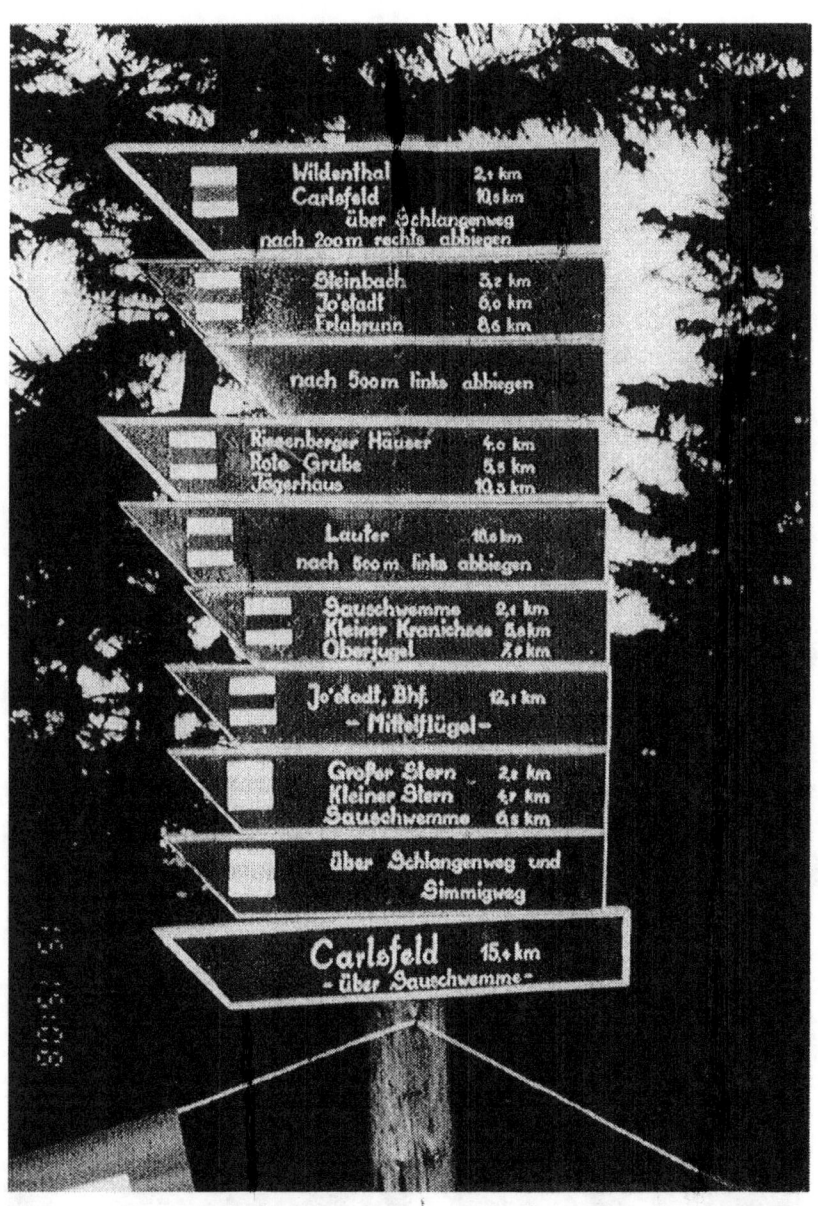

171: Auf dem Auersberg im Westerzgebirge
    - Wegweiser (1992)

172: Talsperre Weiterswiese bei Carlsfeld im westlichen Erzgebirge (1992)

mit steinernem Turm eingeweiht. Das später eröffnete Fichtelberghotel brannte 1963 ab und wurde vier Jahre danach durch ein neues Restaurant ersetzt.
Zurück nach Oberwiesenthal, wo wir uns in Deutschlands höchstgelegener Stadt (914m) - sie erhielt, dank des starken Reizklimas und intensiver ultravioletter Strahlungen, die Würde eines erholungsfördernden Kurortes verliehen - noch ein wenig umsehen. Ein erster Hinweis auf "Wizinthal" ist aus dem Jahr 1406 bekannt, als die Burggrafen von Meißen "den oberwäldischen Teil der Grafschaft Hartenstein" - hierzu gehörte auch die Landschaft um den Fichtelberg -, wo schon im 15.Jahrhundert Hammerwerke pochten, an die Herren von Schönburg verpfändeten. Hierbei handelte es sich allerdings um Unterwiesenthal, welches bereits 1510 Stadtrechte besaß. Nachdem 1526 Silbererze (vor allem im Zechengrund an der sächsisch-böhmischen Grenze) gefunden wurden, gründeten die Schönburger die "Neustadt Wiesenthal"(das heutige Oberwiesenthal). Wenige Jahrzehnte später erwarben die Wettiner den Ort. Da der Silberbergbau nicht sonderlich lohnte, entstanden andere Handwerksbetriebe wie Gewehrschmiede, Nadler, Posamentenmachereien(Borte,Schnur), dazu kamen Spitzenklöppelei und ab 1830 auch bedeutende Streichholzfabrikation.
Poetisch stellt uns J.T.Lindner in seinem schon erwähnten Reisebuch die Bergstadt um 1848 vor:"Ober-Wiesenthal ruht wie ein gutgeartetes Kind im Schoos der Mutter, am östlichen Abhange des Fichtelberges, zwischen dem Zechen- und Jungferngrund..." Und von dem planmäßig

um den Markt angelegten Zentrum sagt er:"Die Häusergruppe ist in geradlinige Gassen abgetheilt, wie Gartenbeete mit ihren Furchen..." Imposant präsentiert sich auch heute noch der Markt am Berge, mit Rathaus, ehemaligem Gasthaus und dem "Haus zum Wappen" mit einem entzückendem Erker, mitten auf dem Platz ein Fontänenbrunnen und die prächtige Postmeilensäule. Sie wurde 1780 im Auftrag August des Starken, Kurfürst von Sachsen, anläßlich der Errichtung einer Poststraße durch Adam Friedrich Zürner aufgestellt. Die etwas tiefer stehende neugotische Kirche - 1863-1866 nach dem Stadtbrand erbaut - ist leider verschlossen. Jährlich im Dezember und Januar beherbergt sie einen mehr als 100 Jahre alten Weihnachtsberg mit geschnitzten Figuren.

An einem merklich kühleren Oktobertag fuhren wir von den Riesenberger Häusern über Steinbach hinauf zum Auersberg, dem zweithöchsten Berg im sächsischen Erzgebirge. Er überragt mit mit seinen 1019 Metern weithin alle Erhebungen zwischen Vogtland, Zwickauer Mulde und tschechischer Grenze. Der Himmel hatte sich schon am Morgen verdüstert, die Luft war feucht, und wir erwarteten den ersten Schnee. Auf dem bewaldeten Gipfel angekommen, entdeckten wir zunächst eine grandiose ehemalige Stasi-Abhörstation. Mit elektronischen Geräten konnten die "Sicherheitsfunktionäre" der DDR bis hinüber in die USA lauschen! Heute sind hier einige Bedienstete vom Bundesgrenzschutz beschäftigt. Wir durften unkontrolliert das Tor passieren und an das Gebäude mit der mäch-

tigen Kuppel herantreten. Ja, wir wurden sogar freundlich gegrüßt. 1907 wurde ein erstes Unterkunftshaus im Blockstil auf dem Auersberg erbaut, sieben Jahre später erweitert. Der aus Granitsteinen 1869 gefügte Turm wurde 1901 und 1940 erhöht. Doch stand bereits im 17.Jahrhundert ein Holzgerüst hier oben, zur Ausschau über das Wäldermeer, "des schönen Prospekts wegen...". Außerdem gab es Schuppen, die Jäger und Treiber bei "bösem Wetter und hereinbrechender Nacht" während der Jagden des Kurfürsten Johann Georg I. aufsuchen durften.
Schon in Bergbüchern von 1527 können wir lesen, daß am Auersberg Leute im Walde nach Erzen gruben. Vor allem wurde Eisen, Zinn, Nickel und Kobald gewonnen. Zeitweilig soll es hier rund 300 Gruben gegeben haben, wie die "Bärenzeche" oder die "Junge St.Barbara". Mitte des 19.Jahrhunderts endete das Befahren der Stollen. Doch noch heute sind Mulden, verfallene Schürfe (Lagerstätten) und mit Pflanzen überwachsene Halden wahrzunehmen.
Fröstelnd - das Thermometer maß an jenem Mittag nur +3°C - verließen wir den Auersberg und gelangten wenig später in den stillen, schon seit Jahrhunderten "idealen Luftkurort" Wildenthal im Tal der Großen Bockau. Der Name wird vom Dorfgründer Friedrich von Wildenfels (1598) hergeleitet, doch käme er der wildromantischen Landschaft gleichfalls gerecht. Wildenthal war vom ausklingenden 16. bis weit ins 19.Jahrhundert vom Hammerwerk geprägt. Damals standen noch die Besitzer einer Eisenhütte als "Hammermeister" mit ihren Gesellen direkt "vor dem

Feuer". Auf der Straße von Wildenthal nach Johanngeorgenstadt schrieb Goethe das zeitlang schamhaft verheimlichte, aber durch feinen Humor kunstsinnig geprägte erotische Erzählgedicht: "Das Tagebuch".
Unser Weg zielte jedoch an jenem rauhen Tag hinüber ins schon am Übergang zum Vogtland liegende Carlsfeld. Ein Spaziergang zur Talsperre Weiterswiese ist lohnend. Auf rund 900m Höhe ruhend, ist der 1927-1929 errichtete - vorwiegend von der Wilzsch gespeiste - Stausee (Inhalt:3 Millionen m3) die höchstgelegene Talsperre der ehmaligen DDR. Früher stand auf der einstigen "Weiters Wiese" (ab 1625) eine Glashütte. Mitte des 19.Jahrhunderts spottete der uns schon bekannte Lindner "Ohnfern des tristen Karlsfeld, wo es keinem Sperling gefällt, liegt die sogenannte Weitersglashütte, wo aus Mangel an tauglichem Material für die Fabrikation des Krystallglases nur Hohlglas und Flaschen gefertigt werden." Wir schritten am Ufer des Trinkwassersees entlang. Zwei schöne Blicke waren uns vergönnt: auf die Staumauer und zwischen Baumstämmen auf das glitzernde Wasser.
1678 ließ der Schneeberger Bergherr Veit Hans Schnorr in Carlsfeld ein Hammer- und Hüttenwerk gründen. Der Ortsname stammt wahrscheinlich vom Amtshauptmann Carl von Carlowitz. Als westlichster Ferienort des Erzgebirges breitet sich Carlsfeld auf einem Gelände von 840-920m Höhe aus und gilt als schneesicherste Gemeinde dieses Gebietes. Kein Wunder, daß sich hier die Einwohner schon im 18.Jahrhundert Bretter an die Füße gebunden haben sollen und damit

schnell und behend über verschneite Fluren geglitten seien. Nicht zuletzt darf sich Carlsfeld einer ungewöhnlichen Sehenswürdigkeit rühmen: seiner achteckigen, 1684-1686 im Stile des Petersdoms in Rom von Johann Georg Roth geschaffenen Dreifaltigkeitskirche, Sachsens ältestem sakralen Zentralbau (1956-1960 restauriert).
Als es am frühen Abend noch zu nieseln begann, kehrten wir fluchs im Gasthof zur Talsperre ein. In einer gemütlichen Turmzimmernische wärmten wir uns mit Kaffee und Glühwein und ließen den Tag frohgemut ausklingen.

Bergstädte im Erzgebirge

Johanngeorgenstadt - Schneeberg - Schwarzenberg

Eine Besonderheit der herbanmutigen Landschaft des Erzgebirges, dessen genügsames fleißiges und der Heimat treu verbundenes Volk seit vielen Jahrhunderten vorwiegend Arbeit und Brot den Schätzen des Bodens verdankt, sind die "Bergstädte", die seit dem Mittelalter wie "feste Burgen Gottes" die Geschicke der Menschen in guten und schlechten Jahren prägten und die meist in und nach Notzeiten wie Krieg, Brände oder Versiegen der Erzadern neue Möglichkeiten gewährten, um aus der Armut in eine bessere Zukunft zu gelangen.
Auf unserer Reise in die alte sächsische Heimat suchten wir drei jener stolzen Bergstädte

nach "der Wende" zu betrachten: Johanngeorgenstadt wiederzusehen, Schwarzenberg besser kennenzulernen und Schneeberg erstmals zu betreten.
An einem herrlichen Spätherbsttag fuhren wir von den Riesenberger Häusern auf der Sosaer Straße gen Süden nach Steinbach. Auf diesem Fahrweg spazierten wir Kinder mit unseren Müttern öfters in den letzten Kriegsjahren zum Einkauf im winzigen "Tante-Emma-Laden". Von dort steigt die Eibenstocker Straße steil hinan nach Johanngeorgenstadt. Es ist die größte Gemeinde jener Gegend im oberen Erzgebirge und Grenzort zu Böhmen in der heutigen Tschechischen Republik. Die sogenannte "Neustadt" entstand nach 1945 als Trabantensiedlung für Bergleute der SDAG Wismut sowie für Arbeiter von Firmen wie die Textilfabrik "Modesta", Blockbauten im sozialistischen Einheitsstil, die nicht in die Landschaft der Häusler und Ackerbürger passen. Heute sind viele hier wohnende Arbeiter und ihre Frauen arbeitslos, da sowohl Bergwerke wie Fabriken in die Rezession gerieten.
Das wirkliche alte Johanngeorgenstadt ist die jüngste der Bergstädte und wurde dank des Kurfürsten Johann Georg I. errichtet. Ein Denkmal mit Inschrift aus dem Jahre 1654 erinnert daran: "Hilf Hl.Gott! Wer haette denken sollen, dass in solcher Wildniss u. Stoecken noch sollte ein Gedaechtnis unsers Loebl.Kurfuersten gestiftet werden." Er erlaubte damals den aus Glaubengründen verfolgten Protestanten aus den böhmischen Orten Platten, St.Joachimsthal und Gottesgab eine Stadt zu gründen und

förderte die Exulanten, in dem er ihnen 50%
der Zölle und Lizenzgelder erließ. So blühte
die junge Gemeinde rasch auf. Schon fünf Jahre
später zählte sie 150 Häuser, und nach einem
weiteren Jahrfünft lebten schon 2000 Einwohner
hier. Daß das Herzstück von Johanngeorgenstadt
rund 300 Jahre später vom Wald zurückerobert
werden würde, konnten die damaligen Stadtväter
freilich nicht ahnen! Bedingt durch den maßlos
betriebenen Uranbergbau der SDAG Wismut nach
dem Zweiten Weltkrieg - z.Z. der verstärkten
Atomrüstung der Sowjetunion - mußten viele
Häuser in etlichen Straßen, wie auch das Rathaus, abgerissen werden, da sie durch Senkung
des Bodens, einzustürzen drohten. Und dort,
wo einst das Zentrum der alten Bergstadt lag,
wächst heute - abgesehen von einem Rest des
ehemaligen Marktplatzes - ein junger Wald.
Die nach dem großen Brand von 1867 im neugotischen Stil erbaute Kirche blieb jedoch verschont und wird gegenwärtig wieder instand
gesetzt. Wir schauten kurz hinein, doch waren
die inneren Türen verschlossen; Baumaterial
lagerte in den Vorräumen.
Vor dem oben erwähnten Denkmal für den sächsischen Kurfürsten breitet sich das Becken des
Schillerbrunnens aus, darin rotbräunliches,
eisenhaltiges Wasser schimmert. Einige Tafeln
erinnern an Persönlichkeiten, die in Johanngeorgenstadt geboren wurden, u.a. Christian
Gottlieb Wild, "Mitbegründer der erzgebirgischen Mundartdichtung" (1785), Max Schreyer
- er dichtete das später beliebte Lied vom
"Vugelbeerbaam", vermutlich 1845, und Georg
Baumgarten, Erfinder eines "lenkbaren Luft-

schiffes" (1837). Auf jenem ehemaligen Marktplatz bewunderten wir auch die große schmiedeeiserne "Johanngeorgenstädter Schwinge". Sie gilt als besonderer künstlerischer Ausdruck der Volkskunst. Bergmänner in ihrer Tracht neben dem Stadtwappen werden von einem "Schwibbogen" überwölbt, dessen Kerzenlichter, vorwiegend in der Advents- und Weihnachtszeit, weithin in die Dunkelheit strahlen. Den ersten Schwibbogen soll Schmiedemeister Johannes Paulus Teller 1726 geschaffen haben.
Einzelne Häuser, mehr oder weniger gut, bzw. schlecht erhalten, stehen noch seitlich der Kirche, etwa an der Karlsbader Straße. 1848 schrieb Johann Traugott Lindner in seinem Reisebuch: "Wanderungen durch das sächsische Obererzgebirge" von Johanngeorgenstadt "mit seinen 384 meist hölzernen und mithin löschpapiergrauen Häusern: Die Johanngeorgenstädter bauten kein Kraut an, obwohl es auf dem Fastenberg gut gedeihe, da die Feldbesitzer es vor Dieben nicht erhalten könnten!" Auch die Schönheit der Mädchen und Frauen wurde gerühmt, an denen "diese Stadt besonders reich sei". Und der Humorist fügt an: "Es muß wahr sein, weil es auswärtige Frauen bezweifeln."
Wir fuhren später auf der Eibenstocker Straße hinauf zum Postamt, wo eine prächtige Postmeilensäule in den Himmel ragt. Neben dem fürstlichen Wappen sind auf ihr mehrere Orte angegeben, zu denen die Entfernungen von Johanngeorgenstadt aus in Stunden berechnet wurden, u.a. bis nach Prag. Solche Postmeilensäulen wurden aufgrund eines Erlasses des sächsischen Königs August des Starken, anläßlich der Zür-

nerschen Straßenvermessung, aufgestellt.
Im Postamt selbst entdeckten wir eine Tafel mit Goethes Bildnis und dem Auszug eines Liebesbriefes an Frau von Stein, den der Dichter ihr 1785, von Karlsbad kommend, um den Bergbau in Johanngeorgenstadt zu studieren, schrieb: "Endlich hier sechs Stunden von Carlsbad, wieder auf dem Weege zu Dir meine Geliebte, meine Freundin, einzige Sicherheit meines Lebens. Was ist alles Andre, was jedes andre menschliche Geschöpf! Je mehr ich ihrer kennen lerne, je mehr seh ich, dass mir in der Welt nichts mehr zu suchen übrig bleibt. Dass ich in Dir alles gefunden habe. Morgen geh ich nach Schneeberg, sehe mich unter der Erde um, wie ich hier auch gethan habe, Dann will ich eilig nach Hause. Wenn ich Dich träfe, welche Freude!"
In der heutigen Mittelstadt befinden sich am Platz des Bergmanns das neue Rathaus und die Kurverwaltung. In jener Gegend befand sich bis 1948 der berühmte im 18.Jahrhundert errichtete Pferdegöpel.
Längst ist Johanngeorgenstadt ein bedeutender Wintersportplatz geworden. Schon 1893 erregte der erste Schneeschuhläufer hier Aufsehen. Anstelle der 1929 als erste Großschanze Deutschlands erbauten Hans-Heinz-Schanze entstand 1962 die "Erzgebirgsschanze" aus Stahlbeton. Weltbekannt wurde Johanngeorgenstadt zur Gründerzeit durch die Herstellung seiner schicken Glacélederhandschuhe. Erwähnenswert ist schließlich auch, daß diese Stadt schon 1662 ein eigenes Bergamt bekam, 22 Jahre später eine Bergschule für Steiger und Grubenbeamte.

182: Johanngeorgenstadt; Postmeilensäule beim Postamt an der Eibenstocker Straße (1992)

183: Hier stand das alte Johanngeorgenstadt - ehemaliger Marktplatz mit Denkmal des sächsischen Kurfürsten Johann Georg I. (Stadtgründer) und Schillerbrunnen (1992)

184: Johanngeorgenstadt auf dem Kamm des Erzgebirges - erhalten gebliebene Häuser an der Karlsbader Straße nahe der Kirche (1992)

185: Schneeberg im Erzgebirge; Stadtkirche St.Maria und St.Wolfgang (1992)

186: Schneeberg; ein Prachtbau am Markt, das Rathaus (1992)

187: Schwarzenberg im Erzgebirge; Jagdschloß mit Eisen- und Zinn-Museum
(1992)

188: Schwarzenberg; Fürstenloge in der
     St.Georgs-Kirche (1992)

Auch zahlte der Staat schon damals Subventionen für unrentable Gruben an die Kurfürstliche Bergwerkskasse.

Einen Tag später trafen wir - von Aue kommend - beim Mittagsläuten in der schönen alten Bergstadt Schneeberg ein. Auch hier wird von geschickten fleißigen Händen restauriert, renoviert und Neues geschaffen. Aber etliche architektonisch wertvolle Gebäude mit Giebeln, Erkern und Verzierungen - häufig aus der Barockzeit -, in denen vorwiegend Besitzer von Gruben und Werken wohnten, warten noch darauf, im neuen Glanz wieder zu erstehen. Unter ihnen ein Haus, über dessen Portal ein goldener Hirsch prangt; vermutlich ein ehemaliger Gasthof. Ein Prachtbau besonderer Art ist das im 16.Jahrhundert erbaute und nach einem Brand 1719 erneuerte Rathaus mit seinem hohen, an Italien erinnernden Kronenturm. Auf dem Platz davor findet wieder ein "Wochenmarkt" statt, wo Bauern und Gärtner ihre Erzeugnisse direkt an die Kunden verkaufen können. Ein Verkaufsraum mit erzgebirgischer Volkskunst entstand im Sommer 1992. Gern schauen wir uns die hübschen Engel, Bergleute, Räuchermännchen, Nußknacker, Pyramiden u.a.Dinge an. Ein benachbarter Holzschnitzer richtete sogar eine Werkstatt ein, in der sich die Besucher nach Herzenslust umsehen und freilich auch die kunstvollen Holzwaren kaufen dürfen.
Höher als der Markt thront die Stadtkirche St.Maria und St.Wolfgang. Leider war sie damals wegen Renovierung nicht zu besichtigen. Baumeister Hans von Torgau erbaute sie 1515/16

als spätgotische Hallenkirche. Sie gilt als das bedeutendste Gotteshaus in der gesamten Umgebung und wird als größte Saalkirche eingeschätzt. Auch am Kirchplatz finden wir einige beachtliche historische Häuser, unter ihnen den Pfarrhof. Am Eingang zur Kirchgasse erinnert eine Gedenktafel an einem Haus, das schon beinahe als Ruine bezeichnet werden muß, daran, daß der Komponist Robert Schumann hier oft bei seinem Bruder Karl weilte.
In einem gutbürgerlichen Gasthaus("Zum Ritter") speisten wir gut und preiswert zu Mittag. Parkett-Fußboden und eine imposant gestaltete Kastendecke, teilweise grün bemalt, bezeugen, daß dieses Gebäude auch früher schon bedeutsam war.
Schneeberg, 1471 auf dem gleichnamigen Berg gegründet und zehn Jahre später bereits freie Bergstadt, war besonders reich an Erzvorkommen, bis Ende des 15.Jahrhunderts wurde vor allem Silber gegraben, später auch Nickel und Kobalt. Eine Chronik berichtet, daß 1474 in der Stadt 56 und in der Nachbarschaft weitere 176 Zechen existierten! 1494 und 1496 empörten sich Knappen und Häuer gegen eine Lohnkürzung und siegten - Arbeitskampf schon im 15.Jahrhundert! Doch blieb die Armut bei ihnen, denn sie besaßen lediglich ein "blosses Hüttel", worin sie sich mit "Weib und Kind aufhalten und nach verrichteter Bergarbeit abtrucken" konnten. Ein für den Bergwerksbetrieb in den 80er Jahren des 15.Jahrhunderts angelegter Teich wird als das älteste erzgebirgische Speicherbecken bezeichnet und diente zum Antrieb mehrerer Pochwerke (heute Strandbad). Goethe äußerte

sich 1786: "Der große Filzteich ist deshalb sogenannt, weil seine Südseite an ein Terrain stößt, das aus Granitverwitterung besteht und mit Torf, welches vom Volke Filz genannt wird, bedeckt ist. Der Bergsee, ein Naturwunder überwältigend schön im Anblick der herrlichen Wasserfläche, umgeben von tiefgrünen, stundenweiten Fichtenwäldern..."
Leider wurde auch Schneeberg nach heftiger Zerstörung durch Bomben und Geschosse angloamerikanischer Tiefflieger und Artillerie gegen Kriegsende sowie in den ersten Jahren der damals jungen DDR wegen einer skrupellosen Uranerzausplünderung in seiner Substanz gefährdet. Doch blieb zum Glück der Stadt ein teilweiser Exodus wie Johanngeorgenstadt erspart.

Alljährlich am 2. Adventswochenende wird in Schneeberg das "Fest der Freude und des Lichts" gefeiert, denn diese Bergstadt ist eine Hochburg erzgebirgischen Weihnachtsbrauchtums, das zum Beispiel im "Schneeberger Turmsingen" Einheimischen und Gästen schönste Christtagsstimmung schenkt.

Dritte der alten Bergstädte, die wir in jenen Oktobertagen aufsuchten, war Schwarzenberg, an der Mündung der Mittweida in das Schwarzwasser gelegen. 1282 bezeugt eine Urkunde des Vogtes Heinrich von Gera die Stadt. Einer seiner Verwandten nannte sich 1302 Heinrich von Schwarzenberg. Die Bergstadt wurde im Frühling 1945 berühmt, da sie von den Siegermächten bei der Besetzung Deutschlands offensichtlich vergessen wurde und somit samt ihrem Kreis als Mini-Republik mehrere Wochen autonom

blieb. Der Schrifsteller Stefan Heym erzählt davon in seinem Roman "Schwarzenberg" (1984).
Von Sosa fuhren wir in Serpentinen bergauf nach Bermsgrün und wieder hinab zum Talkessel. Schwarzenberg, "Perle des Erzgebirges" genannt, ist ein schönes Städtchen, wenngleich sich hier in den neunziger Jahren noch zahlreiche Häuser in sehr schlechtem Zustand befanden und dringend instand gesetzt werden müßten. Aber auch hier erkennen wir sofort an der oft kostbaren Architektur, daß Schwarzenberg zu den reichen Bergstädten des Silberbergbaus gehörte. Doch manche Gassen befanden sich in so beklagenswertem Zustand, daß mehrere Gebäude unbewohnbar waren. Erfreulicherweise wurden jedoch schon damals mehrere Häuser vorgerichtet oder Gerüste sagten aus: hier geschieht etwas!
Besonders gefiel uns der Ratskeller, ein Jugendstilbau von 1907, mit Dachreiter und Freitreppe. Erinnert wird an das frühere Ober- und Untertor. Beide wurden im großen Brand 1824 vernichtet. Zunächst trabten wir hinauf zur alten Burg, die 1533 vom sächsischen Kurfürsten erworben und rund zwei Jahrzehnte später zum Jagdschloß umgebaut wurde. Es bietet sich dem Besucher in einem erfreulich positiven Zustand dar. Seit 1954 befindet sich darin das Erzgebirgische Eisen- und Zinn-Museum. In den Ausstellungsräumen werden vor allem Gegenstände aus Zinn, Blei und Eisen gezeigt, geschaffen für den täglichen Gebrauch oder zur Zierde der Wohnung: kostbares Geschirr, Krüge, Schalen, Bestecke usw., aber auch puppenstubenartige Zimmerchen, in denen vollkomme-

ne Handwerksbetriebe dargestellt sind, mit ihren Maschinen, Handwerkszeugen und jenen Dingen, die sie damit anfertigen. Im Vorraum, wo sich die Kasse befindet und Schwarzenberger Heftchen zum Kauf feil geboten werden, steht ein wunderschöner Leuchter, eine Art "Flammendes Herz", an dessen Trieben Kerzen aufgesteckt sind. Er wäre - Tannengrün besteckt - gut als Weihnachtsbaum zu benutzen. Auch wertvolle Klöppelarbeiten sind zu bewundern. Wie wir hörten, wird in Schwarzenberg und Umgebung auch heute noch geklöppelt, vorwiegend jedoch für den Eigenbedarf, da die Leistung dieser Kunst kaum noch zu bezahlen ist.
Von der Burg, die wie die Stadt "Svarcenberg" Mitte des 12.Jahrhunderts entstanden ist, und die im Schmalkaldischen (1547) und 30jährigen Krieg von mächtigen Kämpfen heimgesucht wurde, begaben wir uns zur benachbarten St.Georgenkirche, 1690-1699 erbaut, ein großartiger Saalbau aus Granit-Bruchsteinen. Erst 1722 erhielt der Turm sein Glockengeschoß mit Barockhaube. Vermuteten wir zunächst, das Gotteshaus sei durch die umfangreichen Wiederherstellungsarbeiten gegenwärtig nicht zu betreten, fanden wir rasch ein geöffnetes Seitentor und standen überrascht, ja überwältigt, in dem ungewöhnlich reich ausgestatteten Kirchenschiff. Die Wände sind - abgesehen vom Chor - ringsum von Emporen umrandet. Auf einer Seite prunkt die Fürstenloge, auf der dem Altar gegenüberliegenden Seite die Ratsherrenloge. Die Ausstattung besteht freilich nicht aus echtem, sondern aus auf Holz gemaltem imitierten Marmor. Reich gestaltet ist die

mit einer goldenen Krone überdachte Kanzel. Für die Instandsetzung der Orgel wurde um Spenden gebeten und zwar in ungewöhnlich sympatischer Form: auf einigen Stühlen liegen Bücher, die sich die Kirchenbesucher für einen Obulus mitnehmen dürfen.

Chemnitz - Die alte Heimat neu gesehen

Auf Suche nach Spuren der Kindheit

"Die Heimat ist das Bleibende", sagte einmal der Eifeldichter Armin Renker. Das ist wahr und entspricht doch nicht der Wirklichkeit. Als ich im Spätsommer 1990 meine Heimatstadt, die, nachdem sie etliche Jahre nach Karl Marx genannt wurde, ihren jahrhundertealten Namen nach der Veste Kempnitz zurückerhielt, als ich also Chemnitz wiedersah, fand ich mich zwar in den aus der Kindheit vertrauten Stadtvierteln durchaus zurecht, doch es hatten sich viele Straßen und Plätze derart verändert, daß sie mir zunächst fremd anmuteten und ich erst beim intensiveren Betrachten mancherlei wiederfand, was sich über Jahrzehnte bewahren konnte. So ging ich vorwiegend auf den Spuren des Knaben durch das Chemnitz der Nachkriegszeit, das sich im Frühjahr 1945 nach wenigen aber heftigen Bombenangriffen großenteils in eine Trümmerlandschaft verwandelt hatte. Jene Bilder der zerstörten und unter mühsamen Schwierigkeiten sich allmählich zu neuem Leben entwickelnden Stadt, die ich im Herbst 1948 mit meiner Mutter verließ, hatten sich am nachhaltigsten in mir eingeprägt, wenn ich an Chemnitz dachte, denn ein Besuch bei den Verwandten in den fünfziger Jahren hinterließ kaum neue Eindrücke. Und als ich es 1974 während eines Messe-Aufenthaltes in Leipzig wagte, an einem Tag meine Tante im damaligen Karl-Marx-Stadt aufzusuchen, sah ich nur kurz den Marktplatz mit dem hübschen neuen Rosengarten. Doch im diesem Spätsommer des Jahres 1990, auf der Suche nach den Stätten der Kindheit, erwachten auch Erinnerungen, schöne und solche, die das Kind damals ängstigten, an Erlebnisse und geschaute Bilder des Alltags, die nun stärker als jemals zuvor ins Bewußtsein eindrangen und zu neuen Erkenntnissen führten.

Kurz hinter Hof erreichten wir zwischen Haydt und Wiedersberg die bayerisch-sächsische Grenze. Überrascht und erfreut sahen meine Frau und ich, daß von den ehemaligen Sperranlagen nur noch einzelne Pfosten ohne Drahtzaun und ein schwarz-rot-goldener DDR-Grenzpfahl übriggeblieben waren.
Wir durchquerten die hügelige Wald- und Feldlandschaft des Vogtlandes, gerieten bei Pirk in einen Stau und fuhren auf der zunächst schmalen holperigen Autobahn an Plauen und Zwickau vorbei und erreichten Chemnitz am späten Nachmittag.
Meine Frau, zunächst skeptisch, ob es mir gelänge, mich nach so langer Zeit noch in der Heimatstadt zurechtzufinden, war angenehm überrascht, als ich sie ohne sonderliche

Schwierigkeiten von der Abfahrt Chemnitz-Süd ins Zentrum lotste. Rasch fanden wir auch die Annaberger Straße, begleitet vom Chemnitzfluß, und gelangten bald in die mir unbekannte Trabantenstadt westlich des Stadtparks.
Gesagt werden muß freilich, daß Chemnitz eine jener selbst für Fremde von der Verkehrsstruktur übersichtliche Stadt ist, da ihre Ausfallstraßen nicht nur von der City strahlenförmig nach allen Himmelsrichtungen streben, sondern auch die Namen jener Orte tragen, zu denen sie hinführen.
Mein Onkel wohnte damals in einem langen Blockbau auf einer Höhe im Grünen. Er erwartete uns schon seit Mittag und freute sich, als wir endlich bei ihm eintrafen. Herzliche Begrüßung beim Wiedersehen nach 37 Jahren. Er zeigte uns seine nette Wohnung und dann den Weg in den Südostteil der Stadt, wo mein Vetter mit seiner Familie in einem der neueren Häuser in der Juri Gagarin-Straße (jetzt wieder Zschopauer Straße) lebt. Vom Balkon reicht der Blick weit über die Südstadt bis zum Erzgebirge. Rauchende Schornsteine gibt es zum Glück nur noch wenige. Somit wurde auch das häßliche Wort "Ruß-Chemnitz" getilgt.
Nach dem samstäglichen Frühstück fuhr uns mein Vetter in seinem Lada durch die Heimatstadt. Vertrautes und Fremdes wechselte rasch. Zunächst ins Südviertel. Wie oft gingen wir hier auf der Reichenhainer Straße, meine Schwester und ich, an Mutters Hand, zur Großmutter, Einkaufen in die Innenstadt, zum Friedhof oder wir Kinder zur nahen Schule.
Dann zeigte uns Michael den Sonnenberg, wo

er mit seinen Eltern und seiner Schwester einst wohnte. Auch dieser Straßenzug in der Sonnenstraße blieb im Krieg verschont. Meine Frau und ich waren angenehm überrascht von den vielen Häuserzeilen, die hier in den jüngsten Jahren vorbildlich restauriert wurden. Etliche Gebäude der Gründerzeit erglänzen mit ihrem Fassadenschmuck in alter Schönheit. Das ist nicht nur lobenswert, sondern widerlegt die These, daß "in den Städten bald alle Gebäude zusammenfallen". Gewiß, es gibt auch in dieser sächsischen Industriestadt noch Altbauten, bei deren Anblick der Gedanke aufkommt: der Krieg sei noch nicht lange vorbei.
Der Chemnitzer Hauptbahnhof ist wieder ansehnlich und wurde durch einen modernen Trakt erweitert. Wie oft fuhren von hier Mutter und Großmutter mit uns Kindern in die Ferien, u.a. im Jahr 1939 ins Montafon, wo wir durch den Ausbruch des Zweiten Weltkrieges verfrüht den Urlaub beenden mußten.
Erwähnenswert als gutes Beispiel für die Neubelebung der Stadt nach der Wende ist der "Brühl", eine Fußgängerzone mit Läden, Verkaufsbuden und "Fliegenden Händlern" (meist aus dem westlichen Deutschland).
Vorbei an der Poliklinik kamen wir zum Schloßteich, den Bürgermeister Johann Friedrich Müller für die Stadt erwerben konnte. Die schöne Kronenfontaine steigt noch auf und nieder, und mir ist, als hörte ich Händels "Wassermusik" erklingen. Schon als Kind ergötzte ich mich an diesen gischtweißen Spielen. Auch Bötchenfahren auf dem Teich ist ein beliebtes Vergnügen geblieben. Vom Hügel über

Baumgürtel und Mauer grüßt die ursprünglich zum 1136/37 gegründeten Benediktinerkloster gehörende spätgotische St.Marien-Kirche (später Schloßkirche).
Auf dem Kaßberg, wo wir nach dem Kriege bei meiner Großmutter in der Agricolastraße wohnten, kamen wir auch am Gerhart-Hauptmann-Platz vorüber - früher hieß er "Kaiserplatz" -, auf dem meine Schwester und ich mit unseren Cousinen und Nachbarkindern gern spielten.
Bergab durch die Enzmannstraße erreichten wir den Stephansplatz. Die alten Kastanien grünen noch. An manchen windigen Herbsttagen sammelten wir Kinder die glänzenden braunen Kugeln in Säckchen und versuchten freilich auch die Stachel-Igel mit Knüppeln von den Zweigen zu schlagen.
Gegenüber der Post, auf dem kleinen Hügel, stand früher die Synagoge. Sie wurde, wie zahllose jüdische Gotteshäuser in anderen Städten, in der Pogromnacht 1938 ein Raub der Flammen. Als wir an jenem Novembermorgen mit Mutter die Reichsstraße hinaufschritten, sahen wir sie brennen. Obgleich ich damals nicht wußte, was dieses Unheil bedeutete, erschreckte mich doch der schauerliche Anblick sehr. -
Über die Zwickauer Straße, wo der Kappelbach fließt, fuhren wir nach Kappel. In der Goethe- und Neefestraße erkannte ich ein Stück meines Schulweges, den ich fast zwei Jahre lang jeden Wochentag mit Kamerad Harald tippelte. Und auf der Rudolf-Harlaß-Straße bin ich einmal, hungergeschwächt, zusammengebrochen.
Im Süden der Stadt, wo sich einst das Chemnit-

199: Deutsch-deutsche Grenze zwischen Bayern und Sachsen bei Haydt und Wiedersberg kurz vor der Wiedervereinigung (Spätsommer 1990)

200: Chemnitz, Kaßberg, Agricolastr.16
Hier wohnte der Autor mit Mutter und Schwester nach dem Krieg bei Großmutter (1990)

201: Chemnitz; Südbahnhof - manche Reise unternahm die Familie des Autors von diesem Bahnhof aus, im Südviertel der Heimatstadt (1990)

202: Chemnitz; Der Brühl - beliebte Fußgängerzone zum Bummeln und Einkaufen (1990)

203: Chemnitz; Roter Turm (Wahrzeichen der mittelalterl. Eigenbefestigung) (1990)

204: Chemnitz; Marktplatz mit Altem Rathaus - rechts vorn Trakt des Neuen Rathauses (1990)

205: Chemnitz; Alte Allee mit jungen Bäumen. Die Allee war für die Kinder der Reichenhainer Straße einst ein beliebter Spielplatz - der Häuserblock, in dem der Autor als Kind wohnte, wurde im Bombenkrieg fast total zerstört (1990)

zer Flughafen-Gelände ausbreitete - nur die ehemalige Empfangshalle blieb erhalten - entstand beidseitig der Stollberger Straße das "Wohngebiet Fritz Heckert". Auch wenn sich es hier nur um einfache Zweckbauten handelt, ist dies doch eine gewaltige Leistung, die Anerkennung verdienst, denn etwa 80-100tausend Menschen fanden hier ein neues Zuhause. Die ehemaligen Dörfer Markersdorf und Helbersdorf ertranken fast in dem Steinmeer aus Hoch- und Reihenhäusern.
Gemeinsam mit Onkel Fred überquerten wir auf der Karl Winter-Straße und der Chemnitzbrücke beim Klinikum und der Technischen Universität den Stadtpark. Mutter spazierte hier mit uns Kindern unter schattigen Bäumen an Sommernachmittagen zum süßduftenden farbenprächtigen Rosarium, das wir besonders liebten, wie auch die weißen, mit Kletterpflanzen berankten Pergolas mit den verschwiegenen Sitzbänken.

Am Sonntagvormittag führte uns mein Vetter durch die Altstadt. Am Markt war mir noch mancherlei aus der Kindheit vertraut; vor allem das schöne alte Rathaus mit seinen graziösen Renaissancegiebeln und das im neugotischen Stil 1907-1911 von Richard Möbius erbaute stattliche neue Rathaus. Die drei 1899 auf dem früher "Hauptmarkt" genannten Platz aufgestellten Denkmäler: Kaiser Wilhelm I., Reichskanzler Otto von Bismarck und Feldmarschall Helmuth von Moltke, wurden gleich nach Ende des Zweiten Weltkrieges von den Bronzesockeln abmontiert. Längst sind auch diese verschwunden. Dafür prunkt vor dem mächtigen Gebäude

des Rates des Bezirkes Karl Marx-Stadt der ehemaligen SED-Zentrale der vom sowjetischen Künstler Lew Kerbel geschaffene Riesenkopf des theoretischen Sozialisten Karl Marx - vom Volksmund "der Nischel" genannt.
Der "Rote Turm", Überbleibsel der einstigen Chemnitzer Stadtbefestigung, steht heute wie verloren auf dem Freigelände an der Straße der Nationen; stammt der untere Teil noch aus dem 12.Jahrhundert, wurde das Backstein-Obergeschoß erst Ende des 15.Jahrhunderts aufgestockt. Leider war der Wiederaufbau der im Kriege zerstörten, Mitte des 14.Jahrhunderts errichteten dreischiffigen Hallenkirche St.Jakobi (bereits 1165 als königliche Stadtkirche begründet) neben dem Rathaus noch immer nicht abgeschlossen. Eine Seltenheit stellt die im Jugendstil erbaute Westfassade dar.
Das Opernhaus, 1909 eröffnet und nach der Zerstörung schon wenige Jahre nach dem Krieg wieder aufgebaut, wurde damals gerade baulich erneuert. In diesem Theater verdienten sich etliche Sänger/innen erste Lorbeeren, ehe sie an bedeutenderen Bühnen berühmt wurden. Nahebei sticht die Petrikirche am ehemaligen Neustädter Markt ihren schlanken hohen Bleistiftturm in den Zenit.
Im Museumsgarten des Städtischen Museums bewunderten wir den sogenannten "Versteinerten Wald". Die im Jahre 1909 bei Bauarbeiten gefundenen verkieselten Baumstümpfe gelten in Europa als einmalige Zeugen einer unvorstellbaren Zeitepoche von 250 Millionen Jahren.
Später ging ich allein durch die Turnstraße ins Südviertel, wo ich die wesentlichsten

Kindheitsjahre erlebte; nun gänzlich auf Spurensuche der Vergangenheit. Zwar wußte ich seit dem Sommer 1945, als ich erstmals nach Kriegsende wieder die Reichenhainer Straße betrat - und es kam mir wie ein Wunder vor -, daß von rund einem Dutzend hoher Bürgerhäuser beim Angriff auf die Südstadt an jenem 5.März 1945 nur ein halbes Haus gerettet werden konnte, dennoch verblüffte mich jetzt zugleich, daß es auch 45 Jahre nach dem Kriege noch nicht abgerissen worden war. Bewohnt ist nur das Erdgeschoß, da die oberen Etagen ausbrannten. An einer Mauer neben der Haustür las ich auch heute noch den makabren Hinweis:"Zum Luftschutzkeller". Ein beklemmendes Gefühl beschlich mich. War die Zeit stehengeblieben? Hier holte mich die Vergangenheit ein! -
Damals standen die ausgebrannten Mauerwände der anderen Häuser noch. Mein Vater und ich stiegen durch das kleine Fenster in unsren Keller und es gelang uns, nicht nur die dort lagernden Kohlen und Briketts zu holen, sondern wir wagten sogar die Bretterwände zu lösen und transportierten das kostbare Holz auf einem Handwägelchen in die Wohnstätte meiner Großmutter. Unheimlich war mir unsere Tätigkeit dennoch, denn ich hatte zuvor die gewaltigen Schuttmassen durch die Tür- und Fensterhöhlen gesehen, die im ehemaligen Erdgeschoß auf die Kellerdecke drückten. Trotzdem wagte ich mich damals noch im Kellergang entlang zu tappen, sah den Platz, wo wir oftmals nach dem Sirenenheulen Schutz vor einem eventuellen Luftangriff suchten und erreichte sogar die Treppe, welche in den Hausflur führte. Licht

drang vom Hof herein, aber Geröll hinderte mich daran, dorthin zu gelangen...
Längst sind die Ruinen verschwunden, ist das Gelände mit Büschen und Bäumen zugewuchert. Nur dort, wo einst jener kleine Krämerladen war, in dem wir Kinder öfters rasch benötigte Lebensmittel für Mutter einkaufen durften, wurde ein Kindergarten errichtet. Aber die Allee in der Mitte existiert noch, wenngleich nun junge Bäume die altvertrauten ersetzen. Hier spielten wir mit Nachbarkindern "Hupfkästchen", "Bäumchen wechsle dich" oder kreiselten, und ich lernte Radfahren.
Als ich unseren einstigen Schulweg zur Dittesschule ging, dachte ich daran, wie ich als Knabe abends zur Turnstunde lief, während die Scheinwerfer der Flakstellungen am Himmel kreisten und ihn nach feindlichen Fliegern absuchten. - Auch die Dittesschule ist nicht mehr die altvertraute. Zwar stehen die Gebäude der Mädchen- und Jungenschule noch nebeneinander - auch die Grundmauern sind noch vorhanden -, doch die roten Ziegelwände wichen moderneren Mauern. Ich blickte auf den Schulhof und erinnerte mich, wie wir als Schüler mit unseren Pausenbroten unter Aufsicht eines Lehrers im Kreis umherlaufen mußten. -
Stadtauswärts blieben auf der Reichenhainer Straße mehrere Häuser erhalten, wie ich sie kannte. An diesen schritten wir vorüber, wenn wir mit Mutter den Friedhof an der Wartburgstraße aufsuchten, wo Großvater begraben lag. Auf der anderen Straßenseite befindet sich das Krematorium beim Urnenfriedhof. Hier ruhen nun meine Großmutter und zwei Tanten, von

denen ich eine - durch die Teilung Deutschlands - nie kennenlernte. -
Nach dieser Rückschau in die Vergangenheit trat ich bewußt und freudig wieder in die Gegenwart ein, denn meine Heimatstadt hatte mich freundlich, wenn auch anders als in meiner Kindheit, aufgenommen. Ich bin nun kein Fremder mehr und fühle mich Chemnitz auf eine neue Art verbunden. Und das ist gut so!

Ein Tag in Elbflorenz

Spaziergänge durch Dresden nach der "Wende"

"Elbflorenz" wurde liebevoll Dresden, die Residenz der sächsischen Könige, eine der schönsten Städte Europas, genannt, voller Bewunderung für die prächtigen, von hohem Kunstsinn ihrer Erbauer zeugenden, südländisch anmutenden Bauwerke, die wie Juwelen an einer Kette den mitten durch Deutschland fließenden Strom schmücken.
Dresden, leuchtendes Auge Sachsens, in dessen Iris sich Freude der Heimatverbundenheit und Sehnsucht nach der Ferne gleichermaßen wiederspiegeln, verkörpert stolzes Selbstbewußtsein seiner Bedeutung ebenso wie tolerantes Verständnis für die andere große Welt.
Dresden, diese edle steinerne Rose unter den blühenden Städten Deutschlands, wurde, nur knapp ein Vierteljahr vor Kriegsende, eine der schrecklichsten Opferstätten des Bomben=

terrors. Nicht nur die meisten der herrlichen Kulturdenkmäler sanken in Schutt und Asche, sondern zahllose zigtausende Menschen starben in diesem höllischen Feuersturm der Innenstadt oder als Flüchtende getroffen von den Garben der gnadenlosen Tiefflieger auf den Elbwiesen und im Großen Garten. Wer hätte damals, als in jenen Februartagen 1945 das alte Dresden untergegangen war und nur noch geisterhafte Ruinenskelette in den brandrauch-verdüsterten Himmel ragten, treffender ausdrücken können, was ihn bewegte, beim Anblick dieses Panoramas aus Leid und Elend, als der greise Gerhart Hauptmann, indem er tieferschüttert klagte:"Wer das Weinen verlernt hat, der lernt es wieder beim Untergang Dresdens."
Mitte der 90er Jahre jährte sich dieses unvergeßliche Unheil zum fünfzigsten Mal. Der Fremdling, welcher sich heute in Dresden umschaut, wird anerkennend sagen: es ist gelungen - was nach dem Kriege nur wenige Menschen für möglich hielten - die meisten Wunden zu heilen. Etliche historische Gebäude erstanden neu in altem Glanz: die Hofkirche, der Zwinger oder die Semper-Oper. Und nach der endlich erreichten Wiedervereinigung zwischen West- Süd-, Nord- und Mitteldeutschland, da Dresden Hauptstadt des neuen Freistaates Sachsen wurde, beschleunigte sich die positive Entwicklung der Metropole, gewinnt die Stadt durch Farbnuancen ihre einst gerühmte Leuchtkraft zurück, nachdem die dominierenden DDR-Farben: braun, grau und schwarz, welche vielen Orten mumienhafte Kellerdüsternis aufprägten, allmählich verdrängt werden. Die Farbfeindlichkeit

schüchterte die Menschen ein. Einheitsbilder, Gleichschaltung, minderte die Lebensfreude, und dies war vermutlich beabsichtigt. Wenn nun die Sonne Strom und Bauten freundlich bestrahlt, vermeint der frohe Blick des Betrachters bereits einen Schimmer zukünftigen Glanzes vom neuen Elbflorenz wahrzunehmen.

Wir näherten uns Dresden an einem Apriltag mit der Kleinbahn von Radeburg nach Radebeul. Es war eine vergnügliche Fahrt im schaukelnden Waggon auf Holzsitzen. Die gute alte Dampflok schnaufte und bimmelte.
Es regnete als wir am Haltepunkt "Weißes Roß" aussteigen und etwas mißmutig fröstelnd zur Haltestelle der Dresdner Straßenbahn trotten. Die Bahnen sind langgestreckte Kästen, ähneln mit ihren freiliegenden sichtbaren Rädern eher einem Oberleitungsbus und wirken plump. Aber sie fahren häufig - und das ist viel wert. Einheimische nennen die aus der Tschechoslowakei stammenden Straßenbahnen spöttisch: "Dubĉeks späte Rache".
Linie 5 bringt uns durch Alt-Radebeul südöstlich nach Dresden. Seitlich zeigt ein Wegweiser zum Karl May-Museum. Ja, hier wirkte er, der große Freund der Indianer, der "Vater" von Old Shatterhand und Winnetou, erfolgreicher Schriftsteller von mehr als 70 Büchern.
Über Trachau und Pieschen (Vororte Dresdens) erreichen wir die Elbe. Sie krümmt hier, nördlich von Friedrichstadt, einen Katzenbuckel. In der durch den Alberthafen gebildeten Halbinsel, am Schlachthofring, breitet sich die Auenlandschaft des Großen Ostragehegs aus.

Ist Dresden-Neustadt erreicht, folgt die Bahn der Umgehungsstraße, rollt am Japanischen Palais (ursprünglich als "Holländisches Palais" 1715 erbaut) und dem Hotel Bellevue vorbei zum Neustädter Markt - ehemaliger Dorfplatz von Altendresden - und zum Carolaplatz. Die Carolabrücke, 1945 gesprengt, wurde ab 1967 als Dr.Rudolf-Friedrichs-Brücke (benannt nach dem ersten Oberbürgermeister Dresdens nach dem Kriege) neu gespannt. Sie verbindet die nach dem Brand von 1685 erbaute Neustadt mit der besonders kunstreichen Altstadt des 16.-19.Jahrhunderts.
Vom Rathenauplatz sehen wir am Südufer Elbschiffe der "Weißen Flotte". Die kleine Akademiestraße geleitet zu den Prachtbauten der Künste und der Kultur, die von den Kurfürsten August I. und Moritz im 16.Jahrhundert begründet und in den folgenden Jahrhunderten - maßgeblich unter dem prunkliebenden Friedrich August I., welcher 1697 auch König in Polen wurde - aus- und umgebaut wurden. Neben dem Brühlschen Garten die berühmte "Brühlsche Terrasse" (Teil der früheren Stadtbefestigung). Premierminister Heinrich Graf von Brühl hatte sich von August III. Wall und Terrasse schenken lassen und um 1738 in einen "Lustgarten" umgewandelt. Erst 1814 wurde die Anlage der Bevölkerung zum Promenieren freigegeben.
Oberhalb des Terrassen-Ufers erheben sich das Albertinum (von K.A.Canzler 1884-1887 auf den Grundmauern des ehemaligen Zeughauses errichtet) mit der Gemäldegalerie Neue Meister, einem Münzkabinett und einer Skulpturensammlung, sowie die Kunstakademie (Hochschule

für Bildende Kunst), vor rund 100 Jahren von Konstantin Lipsius in einem "neufranzösischen Stil" erbaut. - Benachbart die Katholische Hofkirche (1738-1756 von G.Chiaveri) mit ihrem hohen zierlichen Helmturm.
Am Schloß - es wurde schon 1285 als Markgrafenburg erwähnt - entstand aber in heutiger Gestalt erst in den folgenden Jahrhunderten, vor allem unter Herzog Georg und den Kurfürsten Moritz und Christian I. (Zeit der Renaissance) - wurde damals eifrig restauriert. Der Wiederaufbau schritt sichtbar voran. Schon leuchtete der Turm mit feingliedriger Haube, Laterne und Zwiebel. Im einstigen Residenzsitz befindet sich das "Grüne Gewölbe" (Mitte 16.Jh.);Schatzkammer der sächsischen Fürsten. Fünf der einst acht grüngestrichenen Räume blieben erhalten. Dem Schloß angegliedert sind das Georgentor (um 1900 neu erbaut) und der Trakt des Stallhofes (Rückseite) **in der Aug**ustusstraße, mit dem grandiosen "Fürstenzug", eine Darstellung aller Fürsten des Hauses Wettin, sowie einiger Persönlichkeiten der Wissenschaft und der Kunst von Konrad d.Gr.(1123-1156 Reg.zeit) bis Friedrich August III. (1904-1918 Reg.zeit). Diese Sgraffito schuf 1870/76 der Historienmaler Wilhelm Walther (1979 restauriert). Vom Anfang der Reiter bemerken wir die Ruine der ehemaligen Frauenkirche, ein Wunderwerk des Barock, gestaltet von George Bähr, zwischen 1726-1743. Die 95m hohe Kuppel war die erste steinerne Kuppel Europas seit der Antike, "die ohne eigentlichen selbständigen Tombor (Zwischenstück) zwischen den vier Ecktürmen" sich emporhob. Nur Mauerfragmente ragten seit

dem Bombenangriff am 13./14.Februar 1945 über den Steintrümmerhaufen auf. Seit einigen Jahren schreitet der mühsame Wiederaufbau des herrlichen Gotteshauses zügig voran. Auf dem Platz davor wacht Martin Luther, mahnend: den Frieden zu bewahren.
Wir gehen beim Johanneum (ursprünglich Stallgebäude, Ende 16.Jh., jetzt Verkehrsmuseum) durch den ehemaligen Stallhof zurück. Beeindruckend ist der lange Arkadengang mit toskanischen Säulen, sowie Wappen der sächsischen Länder und gehörnten Tierköpfen verziert.
Am Theaterplatz steht der stattliche Bau der berühmten Semper-Oper (erbaut 1838-1841 von Gottfried Semper, Professor für Architektur an der Kunstakademie). Prächtige Kandelaber, deren drei- und fünfstrahligen Lampen mit Kronen geschmückt sind, erhellen den nächtlichen Platz festlich. Von hier führt die Sophienstraße südlich zum Zwinger, vorbei am Taschenbergpalais - es postiert auf einem sanften Hügel, dem "Taschenberg". Matthäus Daniel Pöppelmann schuf den Bau im Auftrag August des Starken 1707-11 für des Fürsten Mätresse Anna Constanze Gräfin von Cosel.
Der Zwinger ist Dresdens berühmtestes Baudenkmal und gilt als "einzigartiges Meisterwerk des höfischen Barock". Wir betreten ihn durch den Glockenspielpavillon, bleiben auf dem geräumigen Hofplatz überwältigt stehen. In der Mitte steigen aus vier Brunnenbecken Fontänen in den blauweißen Himmel. Vor uns der Wallpavillon, zweistöckig; erdwärts mit hohen Toreingängen, das Obergeschoß mit großen mehrgliedrigen Fenstern. Darüber das grünspanschim-

216: Kleinbahn von Radeburg nach Radebeul in Sachsen (1992)

217: Dresden; Brühlsche Terrasse - Blick auf Hofkirche, Semper-Oper und "Weiße Flotte" (1997)

218: Dresden; "Fürstenzug" am Stallhof (1992)

219: Dresden; hier stand einst die berühmte Frauenkirche – doch schreitet der Wiederaufbau des berühmten barocken Wunderwerkes zügig voran (1992)

220: Dresden; Blick von der Brühlschen Terrasse auf das Alte Residenz-Schloß und das Georgentor (1997)

221: Dresden; Kronentor des Zwingers - ein "Meisterwerk höfischen Barocks" (1997)

222: Dresden; die neue Prager Straße (1997)

223: Dresden-Neustadt; Albertplatz – Gedenkstätte für Erich Kästner vor dem Kästner-Café (1992)

mernde gewalmte Dach, mit Giebeln und Figuren veredelt. Linkerhand das herrliche Kronentor, erlesene architektonische Schönheit. Vier prächtig gestaltete Ecksäulen tragen eine barocke Helmmütze mit Laternenknauf. Auf ihr präsentieren sich aufschwingende Adler, die Goldkrone der Herrscher. Verbunden ist das Kronentor mit den Pavillons durch lange Trakte mit hohen Fenstern. Auf den Flachdächern können Besucher neben steinernen Figuren lustwandeln, in den Hof - ursprünglich Turnierplatz - oder in die Stadt schauen. In den riesigen Sälen befinden sich die Gemäldegalerie, das Historische Museum, je eine Porzellan- und Zinnsammlung, der Mathematisch-Physikalische Salon und ein Tierkundemuseum. Neben dem Nymphenbad (Grotten, Wasserspeier, Brunnen und schöne Damen etc.) ladet ein Galerie-Café zum Verschnaufen ein.
Durchs Kronentor kommen wir zum Zwingergraben mit dem Zwingerteich und folgen der Ostra-Allee, vorbei am "Großen Haus" (nach dem Krieg Opern-Spielstätte), zum Postplatz, heutiges Zentrum Alt-Dresdens, Kreuzungspunkt vieler Straßenbahnen. An der Wilsdruffer Straße stehen das Kultur- und das Landhaus. Auf dem Altstadtmarkt verkaufen Händler und Bauern Obst und Gemüse, Wurst und Käse, aber auch Spezialitäten der Region. Wir probieren Pulsnitzer Leckereien: Makronen und Alpenbrot (= Magenbrot). Auf dem riesigen Gelände, in dessen Randgebäuden Geschäfte untergebracht sind, zum Teil mit Arkadengang, befanden sich bis in den Krieg hinein kleine Gassen mit Häusern. Gegenwärtig wird beraten, ob dieses Altmarktviertel

- ähnlich wie die "Schirn" gegenüber dem Römer in Frankfurt am Main - wieder aufgebaut werden soll.
Bald stehen wir vor der Kreuzkirche, bekannt durch den weltberühmten Dresdner Kreuzchor. Ursprünglich gotisch erbaut, wurde sie mehrfach durch Brände und Kriege zerstört. Der jetzige Bau stammt maßgeblich aus der Epoche 1764-1792, wurde aber ab 1950 beim Wiederaufbau notgedrungen schlichter verändert. Hinter der Kirche erhebt sich das Rathaus mit Stadtverwaltung und Landratsamt (1905-1910). Auf einem ehemalig dichtbesiedelten Stadtkernteil erbaut, wurde es im Krieg so arg ruiniert, daß ein Wiedererstehen größtenteils als Neubau betrachtet werden muß. Dennoch gelang es die Restteile harmonisch in das neue Gebäude einzufügen.
Nur wenige Schritte südlicher beginnt beim Georg- und Dippoldiswalder Platz die neue Prager Straße. Einst Prachtstraße Dresdens, wurde das Viertel zwischen Reitbahn- und Petersburger Straße im Krieg so arg vernichtet, daß das Gelände völlig neu gestaltet werden mußte. Leider gelang dies nicht überzeugend. Nüchterne Hochhäuser ohne bemerkenswerte architektonische Einfälle besetzen langweilig die Grünanlagen. Immerhin herrscht Leben hier. Es gibt reichlich Läden; auch die "Dresden-Information" und eignet sich für Fußgänger zum Bummeln in Licht und Luft. Im Süden am Wiener Platz wird der Hauptbahnhof sichtbar.
Bevor wir die Altstadt verlassen, besuchen wir nochmals die Hofkirche. Sie ist nachmittags geöffnet. Wir haben Glück: eine junge Frau

- vermutlich Kunststudentin und engagiert in der Evangelischen Gemeinde - führte gerade durch das Gotteshaus. Sie erzählt den Besuchern in einer völlig neuen Art von der Geschichte der 1964 zur "Kathedrale" erhobenen ehemaligen Hofkirche, und verflechtet ihre Erlebnisse und Erkenntnisse in den späten 80er Jahren der Kirchenbewegung gegen das SED-Regime mit ein, natürlich auch die hoffnungsvolle "Wende" mit ihren Sonnen- und Schattenseiten, die Freiheit und Schwierigkeiten gleichermaßen brachte. Uns imponiert die kritische, sozialgeprägte Haltung der jungen Frau, ihre Ehrlichkeit und Offenheit, ihre Gläubigkeit und Leidenschaft zugunsten menschlicher Nöte und Sorgen - aber auch ihr kunstgeschichtlicher Sachverstand, der durch Nachdenken zu teils eigenwilliger, aber durchaus nachvollziehbarer Interpretation der Kunstgegenstände und ihrer ausgedeuteten Darstellung führte, u.a. sehen wir Gottfried Silbermanns letzte und größte Orgel mit rund 3000 Pfeifen. Sie wurde im Krieg ausgelagert und blieb dadurch erhalten. Lediglich der Orgelprospekt mußte nachgestaltet werden und erfreut nun wieder in barocker Schönheit. Das mächtige Altargemälde war zur Passionszeit verhangen und blieb uns deshalb an jenem Tag verborgen.
Entzückend die mit vielen Englein geschmückte Kanzel. - Nicht erwärmen kann ich mich für die Pieta des Künstlers Friedrich Press (1904-1990) in der Gedächtniskapelle, obgleich ein gewiß vom Sinn her symbolhaft beachtliches Werk, 1975 aus Meißner Porzellan geschaffen und "allen Opfern ungerechter Gewalt" gewidmet.

Zuletzt zeigt uns unsre Führerin in der Krypta die Grablege des sächsischen Herrscherhauses Wettin. Die Sarkophage lagern in der Stifter- und Königsgruft, der Großen und Neuen Gruft. In der Stiftergruft wird auch die schwarze Kapsel mit dem Herzen Friedrich August I.(gest. 1733), Kurfürst von Sachsen, würdig aufbewahrt. Sein Leib hingegen wurde, da der Monarch auch König von Polen war, im Dom zu Krakau beigesetzt. Ergänzt wird die Grablege durch eine Gruft für die Bischöfe des Bistums Dresden-Meißen. Stark beeindruckt vom Gesehenen und Gehörten verlassen wir die Hofkirche, überqueren die Elbe auf der Augustusbrücke und kommen zum Standbild des "Goldenen Reiters", ein Denkmal für August den Starken. Das benachbarte Café "Narrenhäusle" erinnert an den geistvollen Hofnarr Fröhlich.
Vom Neustädter Markt führt die Hauptstraße mit modernen, teils eleganten Läden, mit Kleinkunstbühnen, Galerien und Kunsthandwerkstätten - unter ihnen auch das ehemalige Atelier des Malers Gerhard von Kügelgen - zum Albertplatz. In dieser Gegend steht auch die bedeutende Neustädter Dreikönigskirche, nach Pöppelmanns Plan 1732-1739 von J.G.Fehre und George Bähr erbaut. Der helle schlichte Weiheraum ist erst in jüngerer Zeit wieder für den Gottesdienst benutzbar. Wenige Schritte entfernt überrascht eine Schillergedenkstätte. Eine Rundmauer zeigt plastische Szenen aus Werken des großen Dichters.
Letzte Rast am Albertplatz. Das Wasser des Brunnens wird als guter Trunk geschätzt, wie Leute, die ihre Kannen und Flaschen füllen,

erzählen. Nahebei das Kästner-Café, ein literarischer Treffpunkt. Davor erinnert ein kleines Denkmal mit Büchern und Hut an einen der liebenswürdigsten Dresdner Söhne, den 1899 in Elbflorenz geborenen Dichter Erich Kästner.

Das kulturhistorische Magdeburg

Ein Gang durch die neue alte Stadt an der Elbe

"Wie spät ist es in Magdeburg?" fragten wir Kinder das Echo und sprachen dabei den Namen der größten Stadt an der Elbe zwischen Dresden und Hamburg bewußt "Machteburch" aus, damit - wie erwartet - die Antwort lautete: "achte durch". Bekannt war uns auch, daß die "Magdeburger Börde" eine fruchtbare Landschaft ist, auf deren Lößboden besonders gut Weizen und Zuckerrüben gedeihen. In der Schule lernten wir dann noch, daß Magdeburgs Bürgermeister Otto von Guericke (1602-1686) - er war auch ein berühmter Physiker und erfand u.a. die Luftpumpe - 1654 auf dem Reichstag zu Regensburg Kaiser Ferdinand III. seine Entdeckung von der Wirkung des Luftdrucks mit Hilfe seiner kupfernen "Magdeburger Halbkugeln" vorführte: Zur Vollkugel vereint, ließ er den Hohlraum leerpumpen, so daß es nun Gespannen von beidseitig je acht Pferden nicht gelang, sie auseinanderzureißen. Prof.Schott, ein damals bedeutender Gelehrter, äußerte sich euphorisch:

"Ich glaube nicht, daß die Sonne seit Erschaffung der Welt etwas Ähnliches, geschweige etwas Wundervolleres beschienen hat!"
Als ich mich später intensiver mit der deutschen Geschichte beschäftigte, erfuhr ich auch, daß die Königin Luise von Preußen (1776-1810), eine der verehrenswertesten deutschen Frauengestalten, sich vergeblich bemühte, Magdeburg Napoleon, bittend, abzuringen, um die schöne Elbestadt für ihren Staat zu retten. Aber der Korse überließ die damals stärkste preußische Festung seinem Bruder Jérome für das neugegründete Königreich Westfalen.
Bekannt war mir schließlich auch, daß Magdeburg einen Dom besitzt. Daß jener aber die älteste gotische Großkirche auf deutschem Boden darstellt, erfuhr ich erst, als mir - anläßlich eines Kongresses des Freien Deutschen Autorenverbandes im November 1993 in Magdeburg - die Besichtigung dieses Domes zum zentralen Erlebnis in dieser an mittelalterlichen Gotteshäusern reichen Stadt wurde. Da der Dom bereits am frühen Nachmittag seine Pforten schloß, blieb uns am ersten Tag unseres Magdeburger Aufenthaltes Fülle und Schönheit der Innenarchitektur ein erwartungsfrohes Geheimnis. Doch waren wir auch beim äußeren Betrachten der Kathedrale vom Zauber gefangen, den dieses "Haus des Herrn" ausstrahlt. Aus gewaltiger Kraft emporgehoben, überragen die beiden Türme, vereint durch den schmalen Giebelturm, so beherrschend die Stadt, daß ihre gezackten Spitzhelme zeitweilig im Dunst des Spätherbsttages unsichtbar blieben. Vom Hauptportal im Westen begrüßt Otto I. huldvoll die Kirch-

gänger. Schmale Strebebögen umgeben den Kaiser, der 968 das Erzbistum Magdeburg gründete und aus einer früheren Kirche des Mauritiusklosters den ersten Dom erstehen ließ. Dieser wurde jedoch 1207 bei einem Großbrand beträchtlich zerstört, und es dauerte von der Grundsteinlegung 1209 bis zur Vollendung des neuen gotischen Domes mehr als dreihundert Jahre (1520). Bedächtig umschritten wir das Gotteshaus, betrachteten das Querschiff mit seinen türmchenverzierten Spitzgiebeln, den wie ein Zwerg auf einem Riesenbuckel hockenden Dachreiter, den prächtigen, aus vier Etagen übereinandergestaffelten hohen Chor und die Giebelchen, die wie Speicherhäuser an den niederen Längstrakten aneinandergereiht sind.
Am nächsten Vormittag führte uns eine ältere Dame durch die altehrwürdige Weihehalle des Glaubens. Was sie uns in den rund hundert Minuten beim Gang durch den Dom zeigte, was sie dabei von und über ihn zu erzählen wußte, zuzüglich aus der Geschichte der Stadt - 805 als "Magadoburg" erstmals erwähnt -, übertraf bei weitem, was Besucher von einer Führung durch eine kulturgeschichtliche Stätte erwarten dürfen. Begeistert und dankbar lauschten wir ihren Worten und betrachteten jene Kostbarkeiten, die große Meister einst schufen. Als Beispiele mögen hier gelten: der prächtige kelchartige Taufstein aus Porphyr; die Osterlichtsäule, deren karsamstags geweihte Kerze während den Messen bis Himmelfahrt brannte; der güldene Sarkophag Kaiser Otto I. im Chor; das Grabmal seiner ersten Gattin, der Königin Edith, im Chorumgang; das Herrscherpaar in

der 16eckigen Kapelle; die wundertätige Madonna; die Standbilder der heiligen Dompatrone: Katharina und Mauritius; das herrliche geschnitzte Chorgestühl; Apostel Paulus als Träger der Kanzel und der liebevoll bis in Detail gestaltete biblische Fries an ihrem Aufgang (Sintflut und Sündenfall); der stattliche Lettner wie ein versteinerter Wald; die als Frauengestalten symbolisierte Ecclisia und Synagoge gegenüber dem Portal mit den klugen und törichten Jungfrauen, die Jesu erwarteten, im "Paradies" (Torvorbau) und das in Nachdenklichkeit stimmende Ehrenmal Ernst Barlachs für die Gefallenen des Ersten Weltkrieges.

Über den weiträumigen Domplatz, wo noch schöne und auch malerisch restaurierte Barockpalais (erbaut im 1.Drittel des 18.Jahrhunderts) den Bombenkrieg überstanden, gelangten wir zum ehemaligen Kloster "Unserer Lieben Frauen". In einem der Gebäude hat sich der Landtag von Sachsen-Anhalt einquartiert, dessen Parlament damals gerade durch den Rücktritt der Regierung Münch in aller Munde war. Das alte Fachwerkhaus nahebei war die ehemalige Möllenvogtei. Es überstand als einziges Haus der Innenstadt den 30jährigen Krieg und gilt heute als ältestes Wohnhaus Magdeburgs.

Neben dem Dom ist die Marienkirche das bedeutendste Gotteshaus Magdeburgs. Mit den schmalen, hochstrebenden behelmten Türmen, die vom breiten torartigen, klotzigen Giebelturm mit seinen offenen romanischen Fensterluken gestützt werden, präsentiert sich die Hauptfront als erlesenes Meisterwerk des 11.Jahrhun-

derts, vergleichbar mit den stolzen, schönen Großkirchen im Stil der nördlich-mitteldeutschen Baukunst, wie wir sie von Goslar, Braunschweig oder Hildesheim kennen.
Erzbischof Gero soll 1015 das Kloster als Kollegiatsstift gegründet haben. Umbauten erfolgten um 1200, zu jener Zeit, da Norbert von Xanten als Erzbischof vom Magdeburg das Kloster Mönchen des von ihm ins Leben gerufenen Prämonstratenserordens übermittelte. Zur Zeit der Reformation und des 30jährigen Krieges und letztlich im Zweiten Weltkrieg wurden die Gebäude geplündert und schwer beschädigt. In den 70er Jahren des 20.Jahrhunderts kam "Unserer Lieben Frauen" unter Denkmalschutz und gewann nach Wiederherstellung als Konzerthalle "Georg Philipp Telemann" in der Marienkirche und als Ausstellungsstätte im Winterrefektorium wie auch in den Kreuzgängen und drei übereinanderliegenden Kellergewölben ("Tonnen" genannt) eine neue Bestimmung.
Vom Magdeburger Hauptbahnhof (1874-1882), ein stattliches Gebäude - vor allem die im Neorenaissancestil erbaute Empfangshalle - gelangt der Ankömmling durch die gewichtige, breite Ernst Reuter-Allee in wenigen Minuten zum "Alter Markt". Als Mittelpunkt beherrschte das schmucke, italienisch vornehm wirkende Renaissance-Rathaus (1691-1698) mit seinem hochgezogenen Erker die Ostseite des Platzes. Das Laternentürmchen mit welscher Haube wetteifert mit den dahinter aufragenden Türmen der gotischen Johanniskirche. Zur Zeit wird fieberhaft an ihrer Wiederherstellung gearbeitet. Noch weht der Wind durch Fensterhöhlen,

fallen Regen und Schneeflocken in die dachlose Ruine. Aber der Südturm kann bestiegen werden und bietet von seinen Zinnen einen weiten Rundblick über Magdeburg und das Elbtal.
Auf dem weiträumigen Marktplatz fällt das Standbild des "Magdeburger Reiters" rasch auf. Von einem Sockel strebt ein Laternenturm, wie er - wesentlich kleiner - sonst fast nur auf Kirchen oder Rathäusern üblich ist, mit goldenem Knauf in den Himmel. Zwischen den Säulen: Otto der Große hoch zu Roß, als reite er in die Stadt hinein, um seinen Bürgern zu verkünden, daß sie nicht dem Erzbischof untertan seien, sondern lediglich ihm, dem Kaiser. Das um 1240 entstandene Kunstwerk gilt als das älteste "freifigürliche Reiterstandbild" nördlich der Alpen. Westlich davon errichtete Heinrich Apel einen Denkmalbrunnen für Eulenspiegel; wasserspeiende lustige Köpfe beleben den Sockel, auf dem Till mit seiner Zipfelmütze lachend dem Fremdenverkehrsbüro seinen Rücken zeigt. Einst foppte der Schalk die Magdeburger Bürger, indem er ihnen weismachte: er wolle vom Erker des Rathauses über den Markt fliegen. Als die Leute das Wunder sehen wollten, bewegte Eulenspiegel beide Arme, wie ein Vogel die Flügel, ließ sie aber bald wieder sinken und meinte: er sei zwar ein Narr, hätte aber nicht gewußt, daß alle hier Stehenden ebensolche Toren seien wie er!
Nur wenige Meter vom Rathaus entfernt finden wir vor dem neobarocken Gebäude des Magistrats das 1907 von Karl Echtermeyer gestaltete Denkmal von Otto von Guericke, Magdeburgs berühm-

234: Magdeburg; älteste gotische Groß-
     kirche auf deutschem Boden -
     Portal (1993)

235: Magdeburg; Dom, Blick durchs
     Mittelschiff auf den Chor (1993)

236 Magdeburg: Alter Markt mit Rathaus, dahinter die Türme der Johanniskirche (1993)

237: Magdeburg; Reiterstandbild:
     Otto der Große, auf dem "Alter
     Markt" (1993)

238: Magdeburg; Denkmal Otto von Guericke; Magdeburgs berühmtester Bürgermeister und Physiker (1993)

239: Magdeburg; Brunnendenkmal des Barockarztes Dr.Eisenbarth in der Weitlingstraße (1993)

240: Magdeburg: Wallonerkirche (ursprünglich St. Augustin) – heute gehört das Gotteshaus der Evangelisch-Reformierten Gemeinde (1993)

testen Bürgermeister, den wir eingangs bereits würdigten. Vornehm aufgerichtet sitzt er neben seinen "Halbkugeln". Nahebei, in der Weitlingstraße, steht seit 1939 das Brunnen-Denkmal für den durch seine kuriosen Heilmethoden bekannt gewordenen Dr.Eisenbarth. Fritz von Graevenitz schuf den Barockarzt, welcher Anfang des 18.Jahrhunderts im Haus "Zum güldenen Apfel" lebte und als Chirurg auf dem Marktplatz zu Magdeburg seine Patienten behandelte.Berühmt wurde das Spottlied: "Ich bin der Doktor Eisenbarth, kurier die Leut' auf meine Art..." Das Hauszeichen vom "güldenen Apfel" blieb wie manch anderes Zeichen, etwa jenes "Zur güldenen Sonne" oder "Zum Marien-Tempel", trotz Zerstörung der Häuser im Kriege erhalten. Etliche Hauszeichen, in den Trümmern gefunden, wurden in die Wände neuer Gebäude zum Gedenken an Magdeburgs Vergangenheit eingefügt.

An der Julius Bremer-Straße erhebt sich die Stadtbibliothek. Von 1780 bis 1933 befand sich in jenem Gebäude die Freimaurer-Loge "Ferdinand zur Glückseligkeit". In dem rekonstruierten, wunderschönen Jugendstil-Festsaal finden seit einigen Jahren Konzerte und Lesungen statt; seit 1991 treffen sich hier auch wieder Freimaurer. Am 5.November 1993 stellten sich in diesem Saal Mitglieder des Freien Deutschen Autorenverbandes Sachsen-Anhalts erstmals der Öffentlichkeit vor und lasen Texte aus ihrer vor kurzem erschienenen Anthologie "Morgenlicht".

Oberhalb der Elbufer-Promenade bietet sich dem Auge ein ungewöhnliches, faszinierendes Bild dar: drei Kirchen krönen drei Hügel:

Magdalenenkapelle, St.Petri und Walloner Kirche. Von der Anlegestelle der "Weißen Flotte" - "Petriförder" genannt - erreichten wir durch einen Torbogen in der alten Mauer die entzükkende St.Magdalenen-Kapelle, um 1315 als Fronleichnamskapelle erbaut. Das steile Grünspandach (auch die Dächer der Nachbarkirchen sind grünspan-überhaucht) ziert ein nadelspitzes Reiterlein. Das Kirchlein, das seinen Namen einem ehemaligen Magdalenenkloster, zu Füßen des Magdalenenberges, verdankt, scheint nur aus einer Apsis zu bestehen. Wohltuende Stille. Dämmerlicht, das durch die schlanken hochgotischen Fenster einfließt, und einige Kerzen sorgen für mystische Besinnlichkeit. Eine ältere Frau mit Strickzeug betreut das Kapellchen, in dem die Besucher lediglich an den Seitenwänden auf Stühlen sitzen können.
Das mittlere der drei Gotteshäuser erinnert an den Hl.Petrus. Wie ein mächtiger Felsblock scheint der romanische Turm (um 1150) das aus je fünf Spitzgiebeln beidseitig bestehende gotische Backstein-Langhaus des ausklingenden 14.Jahrhunderts zu stützen. Reizvoll ist vor allem die hundert Jahre später angebaute Vorhalle mit typisch norddeutschem Treppengiebel. Beachtenswert: die schönen Glasmalereien der 1970 von Charles Crodel neugestalteten Fenster. Am 22.November jenes Jahres wurde St.Petri auf dem Petersberg als katholische Gemeindekirche neu geweiht.
Ursprünglich hieß die Wallonerkirche St.Augustin, denn sie gehörte zum ehemaligen, 1285 gegründeten Augustinerkloster. Als 1686 der Große Kurfürst Wallonen, Hugenotten und Pfälzer

in Magdeburg ansiedeln ließ, übergab Kurfürst Friedrich III. den Glaubensflüchtlingen diese Kirche auf dem später so genannten Wallonenberg. Heute gehört sie der evangelisch-reformierten Gemeinde. An Italien erinnert das schmale gekrönte Türmchen, das in seiner Zierlichkeit zu den wuchtigen hohen Mauern und den ungewöhnlich hoch angebrachten engen Fenstern nicht sonderlich passen will und dennoch bedeutsam für dieses Haus des Herrn wie ein luftiges Tüpfelchen auf dem "i" ist. Die Wallonerkirche war wegen intensiver Neugestaltung, nach den noch immer beträchtlichen, nicht beseitigten Kriegsschädem, nicht betretbar. Im verwilderten Garten blühten auch jetzt im November noch mancherlei Wildkräuter wie Schafgarbe und Disteln.
Eine schwungvolle Fußgängerbrücke führt neben den Kirchhügeln zum Elbufer, wo gegenwärtig Budengassen groß und klein zum Martini-Markt locken. Dann stehen wir am Elbstrom. Grautrüb fließt das Wasser rasch dahin. Am anderen Ufer blicken wir auf eine trostlose Landschaft, die durch ein altes - wohl aufgegebenes - Farbrikgebäude und mangels bemerkenswerter Häuser oder Türme nur ein tristes Panorama zeigt.
Abschließend sei noch der "Breite Weg" erwähnt. Galt er bis vor dem Krieg als Deutschlands schönste Barockstraße, blieben ihm nach 1945 lediglich zwei Häuser jener schmuckreichen Stilepoche erhalten. Die ehemalige, uralte Handelsstraße ist auch heute noch eine großzügige Geschäftsstraße mit Restaurants und Cafés. Wir finden das imposante Hauptpostamt (Ende

19.Jahrhundert) hier, das mit seinem Zierrat an niederländische Spätgotik erinnert, die Sebastianskirche, welche mit ihren wie Bergfriede wirkenden klotzigen Türmen und dem wehrgangartigen Obergeschoß auf dem Zwischentrakt wie eine mitelalterliche Burg wirkt. Seit 1949 fungiert sie als katholische Bischofskirche. Negativ bekannt geworden und von Einheimischen mit Spott bedacht sind jene Teilstücke des "Breite Weg", die zu Zeiten der DDR-Herrschaft mit langweiligen kubischen Zweckbauten besetzt wurden.
Abschiedstrunk im gepflegten, hübschen Rathaus-Café am Markt, bevor wir die gastliche Stadt, in der wir uns wohlfühlten, verlassen...
Leb wohl, Magdeburg, junge, neue alte Stadt. Es ist schon später als "achte durch!" Der Morgen der Zukunft entfaltet sich wie eine Knospe. Bald wirst du wieder wie in früherer Schönheit erblühen.

Unterwegs in Deutschland 3

Der Weg in die Freiheit 5
Auf Spuren der Erinnerung im wiedervereinten Harzgebirge

Eine Wanderung zum Brocken 19
König der norddeutschen Berge - Erlebnisse im Harz

Bad Heiligenstadt und das Obere Eichsfeld 31
Religiöse Bastion im vormaligen sozialistischen Land

Trutzveste kontra Raubritternest 47
Die Burgen Ludwigstein und Hanstein über dem Werratal

3.Oktober 1990: Mitten in Deutschland unterwegs 62
Zwischen Bebra und Eisenach - Ein historisch bedeutsamer Tag

Eine Reise in die Rhön 80
Nach der Wiedervereinigung einer getrennten Landschaft

Zwischen Werra und Haßbergen 97
Die Teilung gehört endgültig der Vergangenheit an

Gestern Grenzland - heute Brücke mitten in Deutschland 111
Nördliches Franken - Südliches Thüringen

Auf dem Rennsteig 128
Wandern grenzenlos von Steinbach am Wald nach Spechtsbrunn in Thüringen

Vergaß dei Haamit net...   145
Wiedersehen mit dem Erzgebirge - Auf den
Spuren der Kindheit

Wu de Walder haamlich rauschen   161
Zwischen Fichtelberg und Auersberg im oberen
Erzgebirge

Bergstädte im Erzgebirge   177
Johanngeorgenstadt - Schneeberg - Schwarzenberg

Chemnitz - Die alte Heimat neu gesehen   194
Auf Suche nach Spuren der Kindheit

Ein Tag in Elbflorenz   210
Spaziergänge durch Dresden nach der "Wende"

Das kulturhistorische Magdeburg   228
Ein Gang durch die neue alte Stadt an der
Elbe

Anmerkung

Alle diese Reisefeuilletons wurden bereits in Zeitungen und/oder Zeitschriften, meist mehrfach, veröffentlicht, u.a. in: "Deutsche Umschau" - "Deutsche Wochen-Zeitung" - "Deutscher Almanach" - "Erdkreis" - "Erzgebirgische Heimatblätter" - "Erzgebirgische Rundschau" "FDA Hessen-Rundbrief" - "Fränkischer Hauskalender" - "Frankenland" - "Gießener Allgemeine Zeitung" - "Glückauf" - "Haßfurter Tagblatt" "Rabenflug" - "Sächsische Heimat".

Zahlen vor der Bildunterschrift geben die Seitenzahl an, jene dahinter das Jahr der Entstehung der Fotografie (in Klammern).

www.ingramcontent.com/pod-product-compliance
Lightning Source LLC
Chambersburg PA
CBHW082115230426
43671CB00015B/2704